Florida

Heike Wagner und Bernd Wagner

MERIAN-TopTen

Höhepunkte, die Sie unbedingt sehen sollten

1 Sanibel Island
Die kleine Insel Sanibel Island mit ihren fabelhaften Stränden ist ein subtropisches Radlerparadies (→ S. 23).

2 Grayton Beach
Der weiße Quarzsand macht den Grayton Beach zu einem der spektakulärsten Strände des Landes (→ S. 25, 84).

3 Magic Kingdom, Orlando
Das Magische Königreich – eine beschwingte Traumwelt à la Disney, wo Mickey Mouse und Konsorten nicht nur die Kinder verzaubern (→ S. 38).

4 Universal Studios Florida
Die Filmstudios bieten aufregende Fahrten durch authentische Kulissen (→ S. 38).

5 Kennedy Space Center
Weltraumtechnik zum Anfassen: mit nachgestellten Countdowns, einer gigantischen Saturn-V-Rakete und mehr (→ S. 42).

6 Old Town, St. Augustine
Restaurierte Häuser vermitteln das Flair spanischen Koloniallebens im 18. und 19. Jahrhundert (→ S. 44).

7 Art-déco-District, Miami Beach
Pastellfarben wie Bonbons erstrahlen die Häuser dieses Viertels von Miami wieder im alten Glanz (→ S. 51).

8 Everglades National Park
Die größte subtropische Wildnis der USA nährt ein Land mit tausend Inseln und grünen Sümpfen (→ S. 61).

9 Duval Street, Key West
Erleben Sie subtropische Nächte in der südlichsten Stadt Floridas (→ S. 64).

10 Florida Aquarium, Tampa
Das Aquarium zeigt in einer top-modernen Präsentation die Unterwasserwelt der Region und der angrenzenden Meere (→ S. 74).

MERIAN-Tipps ⟶
finden Sie auf Seite 128

Inhalt

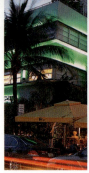

Erläuterung der Symbole

👪 *Für Familien mit Kindern
besonders geeignet*

♿ *Diese Unterkünfte haben
behindertengerechte Zimmer*

*Preise für Übernachtungen im
Doppelzimmer ohne Frühstück:*
●●●● *ab 150 $* ●● *ab 50 $*
●●● *ab 100 $* ● *bis 50 $*

*Preise für ein Menü mit Vorspeise
und Dessert, ohne Getränke:*
●●●● *ab 40 $* ●● *ab 10 $*
●●● *ab 25 $* ● *bis 10 $*

Florida stellt sich vor

Bei Florida denkt man an strahlenden Sonnenschein, weiße Sandstrände und türkis-farbenes Wasser. In Miami (→ S. 51) werden all diese Erwartungen erfüllt.

Ein sonniger Cocktail namens »Florida«:
Man nehme weiße Sandstrände, grüne Sümpfe,
lebhafte Vergnügungsparks, Raketengärten,
Alligatorenfarmen und …

Florida, der Sunshine State, gleicht einem bunten Kaleidoskop: Großstadttrubel und Gastfreundschaft wechseln sich ab mit Natureinsamkeit und Badefreuden. Hier findet sich für Strand- oder Städtefans ebenso das Richtige wie für Liebhaber unberührter Landschaften. Morgens können Sie die **Everglades** durchstreichen, nachmittags am Strand von **Fort Lauderdale** liegen und den Abend in den Restaurants und Bars von **Miami Beach** beschließen. Breiten Sie Ihr Handtuch an den scheinbar

Abwechslung ist garantiert

endlosen Sandstränden der Atlantik- oder Golfküste aus, oder suchen Sie Muscheln auf **Sanibel Island**. Werden Sie Zuschauer beim Beach Volleyball oder bei der Wahl der »Miss Bikini«. Wer mit dem Wagen bis ans Wasser fahren will, sollte **Daytona Beach** aufsuchen, an dessen Strand einst Geschwindigkeitsrekorde aufgestellt wurden.

Touren Sie im Glasbodenboot über die Korallenriffe des großartigen **Florida Reef**. Am besten erschließt sich die artenreiche subtropische Unterwasserwelt des Korallenriffs, das sich von den **Florida Keys** bis nach

Nasses Natur-Eldorado nicht nur für Alligatoren

Palm Beach heraufzieht, jedoch den Tauchern und Schnorchlern. Ausflugsboote ankern in malerischen Häfen; Hafen-, Fluss- oder Seerundfahrten, Hochseeangelexkursionen finden beinahe täglich irgendwo statt. Schippern Sie mit **Fort Lauderdales** »Carrie B« durch die Kanäle, flitzen Sie mit dem Airboat durch die Graslandschaften am Rande des **Everglades National Park**, oder genießen Sie einen Tag voller Kreuzfahrtromantik inklusive Dinner bei Kerzenlicht und Glücksspiel auf hoher See.

Für die Aktiven aller Generationen, die gern das Paddel in die Hand nehmen und das Tempo selbst bestimmen, ist Florida ein Eldorado. In der Skala der populärsten Wassersportarten nimmt Kanufahren eine Spitzenposition ein. Nirgendwo sonst erleben Besucher Floridas subtropische Natur so hautnah wie auf den noch völlig urtümlichen Wasserwegen. Auf den strömungsarmen Bächen kann jeder ruhig und sicher paddeln.

Wandern Sie über erhöhte Sumpfstege durch die Zypressenwälder von **Corkscrew Swamp** oder **Highlands Hammock Park**. An grünen Ufern sonnen sich Alligatoren und Schildkröten, und Wasservögel stelzen anmutig durch das Wasser ausgedehnter Sümpfe. Landschaftliches Juwel an der Südspitze Floridas ist der **Everglades National Park**, ein Paradies für Naturliebhaber, die zu den Mangroven an der Küste oder zum größten Mahagonibaum der USA wandern oder durch kleine Inselchen schippern können. Nirgendwo beobachten Sie die schläfrig im Wasser lungernden Alligatoren besser als auf dem Anhinga Trail oder im Shark Valley.

Floridas tropische Reize entfalten sich am intensivsten an seinem Südzipfel. Ganz am Südende der Keys mitten im Meer, nur noch knapp 150 Kilometer von Kuba entfernt, verbreitet der Sonnenscheinstaat fast Karibik-Flair. Genießen Sie köstlich-fruchtige Drinks beim Sonnenuntergang, in schicken Hotelrestaurants oder den neonbeleuchteten Bars der pulsierenden Duval Street.

Auch für Schnäppchenjäger ist Florida ein Paradies: Ob Markenjeans, Westernstiefel oder Cowboyhüte – dank der niedrigen Steuersätze werden »typisch amerikanische Alltagsklamotten« um einiges preiswerter als in Europa verkauft. Die

Sawgrass Mills, das größte Outlet Center Floridas, verzeichnet unter einem Dach mehrere hundert Geschäfte, die ihre Waren im Direktverkauf ab Hersteller anbieten. Bummeln Sie durch die exklusiven Geschäfte von Palm Beachs Worth Avenue oder Fort Lauderdales Las Olas Boulevard, durch Megamalls wie die Palm Beach Gardens Mall.

Im **Kennedy Space Center** kündet ein Raketengarten mit ausgedienten Himmelsstürmern von Floridas langjähriger Verbindung zu den Welt-

Outlet Center und Megamalls

raumtechnologien. Und nahe dem Raketenbahnhof wird in **St. Augustine** ein Kapitel alter Geschichte aufgeschlagen. Zeitgenössisch gekleidete »Bewohner« und authentische Gebäude erzählen die wechselvolle Geschichte der ältesten Stadt der USA. Die Vergangenheit illustrieren auch Floridas brillante Kunstmuseen. Lernen Sie in **St. Petersburg** Salvador Dalí kennen und das Ringling Muse-

um of Art in **Sarasota**, staunen Sie über Henry Flaglers prächtiges Whitehall Mansion in Palm Beach.

Aus Floridas vielseitiger Küche sticht sicherlich die riesige Auswahl an »Seafood«-Restaurants hervor. Am besten, man bestellt den »catch of the day«, das täglich wechselnde Menü mit fangfrischem Fisch, den es hier in ungeheurer Vielfalt gibt. Oder Austern, Haisteaks, Shrimps und nicht zuletzt »conchs«, die Tritonshornschnecken, die Spezialität der Keys – oder wie wäre es mit »alligator stew«, einem Eintopf mit Alligatorenfleisch?

Wie ein Mosaik verbinden sich die unterschiedlichen Viertel der Millionenmetropole **Miami** vor dem Hintergrund des blaugrünen Atlantiks. Der Art-déco-Bezirk **Miami Beach** mit seinen weißen Sandstränden gehört ebenso dazu wie die Trendviertel Coral Gables, Coconut Grove und die gläsernen Finanztürme in Downtown. Nahe den gut besetzten Jachthäfen und einem Kreuzfahrtha-

Neben den niedrigen Steuersätzen macht auch der für Europäer günstige Dollarkurs die USA zum Shopping-Paradies. Outlet Stores sind also immer einen Besuch wert.

Eine magische Anziehungskraft besitzt der Tunnel des Lichts in Disney World (→ S. 38).

fen gehen in Miamis weltoffenem Stadtzentrum Großstadtleben und Urlaubsflair eine einzigartige Symbiose ein. In diesem ethnischen Schmelztiegel stellt der kubanisch angeführte hispanische Bevölkerungsteil längst keine Minderheit mehr dar. Nicht nur auf der Calle Ocho hat sich das Spanische zur Geschäftssprache entwickelt.

Disney World und andere Vergnügungsparks rund um **Orlando** gehören zu den beliebtesten Attraktionen in den USA. 1971 hat sich das Magische Königreich dort angesiedelt, und Disney sei Dank sprossen daraus immer neue

Miami: subtropische Exotin unter den US-Städten

Attraktionen, wurde ein gigantischer Tourismuskomplex aus dem Boden gestampft. Mit den Universal Film Studios findet sich das zugkräftigste Filmstudio außerhalb Hollywoods. Auch Sea Worlds weltberühmte Orcashow, die zahlreichen Dinner Shows und die riesigen Erlebnisbäder gehören zu den Highlights ...

Mit den weißesten Sandstränden Floridas verzaubert die Nordwestküste. Namen wie Grayton Beach, Gulf Islands National Seashore und St. George Island verheißen puren Badespaß in klarem, smaragdgrünem Wasser. In und um Pensacola locken historische Forts und ein wunderbar restaurierter Altstadtbezirk zum Streifzug durch die Vergangenheit,

Mickeys Magisches Märchenland

bietet das Nationale Luftfahrtmuseum die Gelegenheit, Dutzende von Flugzeugen hautnah zu erleben. Grün, vorwiegend ländlich und bewaldet präsentiert sich hingegen Zentralflorida. Rund um die Studentenstadt Gainesville erstreckt sich die Region der sprudelnden Quellen und der versinkenden Flüsse – das eher unbekannte, aber nicht minder interessante Florida.

Als erster Europäer betrat Anfang des 16. Jahrhunderts der Spanier Juan Ponce de León Floridas Boden in der Nähe von St. Augustine und nahm ihn sogleich für Spanien in Besitz. Ein halbes Jahrhundert später begründete Pedro Menéndez de Avilés mit St. Augustine die heute älteste durchgehend besiedelte Stadt nördlich von Mexiko. Gelegentlich strandeten in den folgenden Jahrhunderten an den Küsten gold- und silberbeladene Galeonen auf ihrem Weg von der Karibik nach Spanien, deren Schätze noch heute vom Meeresboden gehoben werden. Auch das Piratentum begann in der Folge richtig zu florieren, als Schiffe auf die Korallenriffe gelockt und ausgeplündert wurden.

Im Laufe der Jahrhunderte wurde Florida von verschiedenen Nationen erobert, es wurde spanisch, britisch, fiel an Spanien zurück, wurde 1821 US-amerikanisch und verzeichnete seinerzeit keine 30 000 Einwohner. Erst als Henry Flaglers Eisenbahn Palm Beach und später auch Miami erreichte, wagten sich gegen Ende des 19. Jahrhunderts die ersten Siedler in die Sumpfregionen des floridianischen Südens vor. Flaglers Luxushotels markierten schließlich den Beginn des modernen Florida-Tourismus.

Eine neue Epoche wurde im Jahr 1969 eingeläutet, als vom Kennedy Space Center die erste bemannte Mondlandung gelang. Heute ist Florida ein Mekka der Moderne, eine aufstrebende Region, deren Bevölkerungszahl sich etwa alle 20 Jahre verdoppelt.

In Floridas Süden zählt Schneefall zu den Ausnahmen, und Key West hat noch gar keinen Frost erlebt. Dafür erwecken winterliche Tagestemperatu-

Traum vom endlosen Sommer

ren von mehr als 20 °C Gedanken an Sommertage. Auch die in den Sommermonaten so unangenehme hohe Luftfeuchtigkeit sowie die lästigen Stechmücken fallen dann weg. Unter diesen erfreulichen Begleitumständen verbringen die so genannten »snowbirds«, Leute aus dem amerikanischen Norden mit genügend Zeit und Geld, sogar den gesamten Winter im »Sonnenscheinstaat«. Die Zeit von Weihnachten bis nach Ostern markiert deshalb auch die touristische Hauptsaison Südfloridas.

Vom Kennedy Space Center (→ S. 42) startete Neil Armstrong im Jahr 1969 zum Mond.

Gewusst wo ...

Romantisches Karibik-Flair kann man bei einem Candlelight Dinner und einem Cocktail in Key Largo (→ S. 68) auf den Florida Keys erleben.

Authentische Seafood-Küche und Nouvelle Cuisine,
Biker-Treffen und Jazzfestival, urbane Lebensart
und einsame Traumstrände – der Sonnenscheinstaat erweist sich als erstaunlich vielseitig.

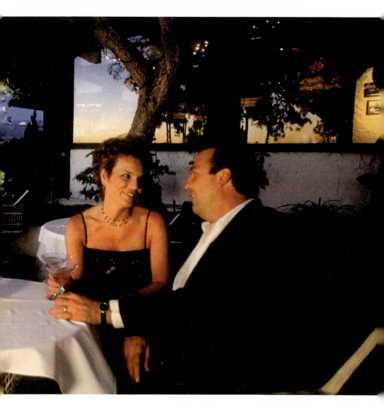

Übernachten

Luxuriöser Ferientempel oder lieber ein uriges Bed & Breakfast – die Auswahl an Hotels ist riesig.

Altehrwürdiger Luxus aus dem frühen 20. Jahrhundert und dennoch modern: Das »The Breakers« (→ MERIAN-Tipp, S. 13) besitzt einen komfortablen Spa-Bereich.

Das Millionenheer der Besucher findet in einem der beliebtesten Urlaubsziele der USA eine riesige Auswahl an Unterkünften aller Kategorien und sämtlicher Preisklassen. Entlang der Hauptstraßen, der wichtigsten Autobahnausfahrten und der populären Küsten reihen sich Übernachtungsquartiere von einfachen Motels bis zu modernen Luxushotels auf.

Im Süden Floridas werden über Weihnachten und Neujahr bzw. von Februar bis nach den Osterferien **Hochsaisonpreise** verlangt. Lediglich an den nördlichen Atlantikstränden um Jacksonville Beach oder an der Nordwestküste bezahlt man in der Sommersaison am meisten für die Unterkunft. Eine Sonderstellung nimmt der Großraum Orlando ein, wo sich die Hochsaison bis in die Sommermonate ausdehnt.

Reservieren Sie Ihr Hotelzimmer rechtzeitig für An- und Abflugstage, Feiertagswochenenden zu Großveranstaltungen und in touristischen Zentren während der Hochsaison. Dazu nennt man die Kreditkartennummer sowie Extrawünsche wie Kinderbett, Nichtraucherzimmer etc. Die meisten Hotels verfügen über gebührenfreie Telefonnummern mit den Vorwahlen »800«, »866«, »877« bzw. »888«.

Preisangaben beziehen sich immer auf Doppelzimmer, Nachlässe für Einzelreisende werden in den USA kaum gegeben. Dafür kosten zusätzliche Personen im Zimmer nur wenige Dollar Aufpreis. Ein Frühstück ist gelegentlich im Übernachtungspreis eingeschlossen.

Bed & Breakfasts sind die amerikanischen Frühstückspensionen, in der Regel in gepflegten Anwesen, mit aufmerksamem Service und inklusive eines frisch zubereiteten Frühstücks, wobei so viel Annehmlichkeiten selbstverständlich auch ihren Preis haben.

MERIAN-Tipp

 The Breakers

Unvergleichlich luxuriöses Ambiente in bester Lage am langen Strand von Palm Beach. Mehrere Restaurants, ein nettes Kinderprogramm und ein Kindergeheimnisgarten, der traditionsreichste 18-Loch-Golfplatz Floridas liegt direkt vor der Haustür. Im Sommer werden Übernachtungspakete inklusive Golf- und Tennisgutscheinen angeboten.

1 S. County Road; Tel. 561/655-6611, 888/BREAKERS; www.thebreakers. com; 550 Zimmer ●●●● ⤏ S. 115, F 16

B & B-Verzeichnisse sind in Buchhandlungen und bei den Touristeninformationen erhältlich.

Zunehmend populärer wird der **Hausbooturlaub**, bei dem man mit einem komfortablen und leicht steuerbaren schwimmenden Wohnmobil die beschaulichen Flüsse und Seen Floridas erkundet. Eine Woche kostet rund 3000 $; buchbar z. B. bei Hontoon Landing, 23 17 River Ridge Rd., DeLand; Tel. 8 00/2 48 24 74; www. hontoon.com.

Und noch ein Tipp: Oftmals übernachtet man preiswerter als zum offiziellen Listenpreis. Als Mitglied in einem Automobilclub erhält man für »Triple A Rates« des amerikanischen Partnerclubs AAA mindestens 10 % Rabatt. In den Broschüren der lokalen Tourismusinformationsbüros finden sich vielfach **Discountcoupons**, die beträchtliche Preisnachlässe für Attraktionen, Restaurants und Hotels offerieren. Es gibt auch spezielle Broschüren, die ausschließlich die preisgünstigen Hotels/Motels auflisten (www.roomsaver.com, www. travelsaverguides.com).

Hotels sind bei den einzelnen Orten im Kapitel »Unterwegs in Florida« beschrieben.

Essen und Trinken

Von Burger bis Seafood: fantasievolle Speisen, bunte Cocktails und subtropisches Ambiente.

An Miami Beachs (→ S. 51) berühmter Art-déco-Flaniermeile, dem legendären Ocean Drive, tummeln sich die Nachtschwärmer in trendigen Bars und Clubs.

Von Burger bis Seafood: Fantasie-volle Speisen, bunte Cocktails und subtropisches Ambiente kenn-zeichnen Floridas ungewöhnlich viel-fältige Restaurantszene. Ob zum Frühstück (»breakfast«), Mittagessen (»lunch«) oder Abendessen (»din-ner«), Amerikaner speisen wesentlich öfter in Restaurants als wir.

In den meisten Hotels gibt es allen-falls nur das »continental break-fast« aus Kaffee, Toast und Gebäck. Überaus lohnende Ziele für Früh-stücksfans sind natürlich die zahlrei-chen Bed & Breakfasts, die, meist in privater Hand, schon am frühen Mor-gen ausgedehnt-üppige Mahlzeiten anbieten, inklusive frischen tropi-schen Früchten.

Das typische »american break-fast« umfasst eine Auswahl von »hash browns« (Röstkartoffeln), »ham« (Schinken), »sausage« (Würst-chen) oder »bacon« (Schinkenspeck-streifen), »eggs sunny side up« (Spie-gelei) oder »scrambled eggs« (Rühr-eier) oder – etwas süßer – »pancakes« (Pfannkuchen) mit Sirup, dazu gibt es meist Kaffee »so viel man mag«. Früh-stück bekommen Sie in rund um die Uhr geöffneten Restaurants wie »Den-ny's«, aber auch in »coffee shops« und preiswert und reichhaltig in »truck stops«. Das Mittagessen fällt in Amerika meistens spärlich aus.

In der Heimat der Burgers exis-tiert natürlich eine Fülle an Fastfood-Ketten. Schnelles mexikanisches Essen gibt es bei »Taco Bell« und Eisspezialitäten wie »blizzards« bei »Dairy Queen«. In Florida findet man, insbesondere an den Strandmeilen, eine Fülle von kleineren Restaurants und Imbissen für den kleinen Hunger zwischendurch.

Die Hauptmahlzeit ist das abendli-che Dinner, ab 17 Uhr servieren viele Restaurants preisgünstige »ear-ly bird specials«. In den populären Fischrestaurants ist der täglich wech-selnde »catch of the day«, der »Fang des Tages«, eine gute Wahl, meist er-halten Sie die saisonale oder regional bevorzugte Fischsorte. Zu den be-kanntesten gehören der »red snap-per«, »tuna« (Tunfisch), Schwertfisch und verschiedene Makrelenarten wie »dolphin« (kein Delfin!), »king macke-rel« und »cero«. Mit gekochten, ge-grillten und gebackenen »conchs« (Tritonshornschnecken, der Speziali-tät auf den Florida Keys), mit »lobs-ter« (Hummer), »oysters«, »crabs«, »shrimps«, »clams« (Muscheln) und zahllosen Fischsorten zelebriert Flori-da Seafood in Vollendung.

Auch an Steakhäusern mangelt es nicht. Manche Restaurants offerieren zum Steak – das Sie »rare«, »medium« oder »well done« bestellen – eine »all you can eat«-Salatbar mit einer gran-diosen Auswahl an frischen Salaten, Früchten, Gemüsen und Desserts.

Als Dessert sei allen voran Floridas Spezialität, der »Key Lime Pie«, erwähnt. Die sahnige Limonentorte der Keys ist allerdings nur authen-tisch, wenn sie mit dem Saft der auf den Keys gewachsenen Limonen her-gestellt wird.

MERIAN-Tipp

⭐ 2 Pirate's Dinner Adventure 🧑‍🤝‍🧑

Mitreißende Dinner Show auf einem fantasievoll dekorierten Piraten-schiff. Seeräuber und Schwertkämp-fer in bunten Kostümen und von wil-dem Aussehen sorgen für turbulente Szenen. Vor der Show gibt es ein le-ckeres Büfett mit Appetithappen, nachher ein ausführliches Dinner im Piratenstil. Rechtzeitig reservieren!

6400 Carrier Dr., Orlando; Tel. 4 07/ 2 48-05 90, 8 00/8 66-24 69; www.piratesdinneradventure.com; tgl. 18 und 20.30 Uhr; Eintritt 63 $, Kinder 42 $ ·····➔ S. 37, b 3

Das Kellnerinnenteam im Restaurant »Hooters« in Miami (→ S. 51) versprüht gute Laune.

Tortillas sind das »mexikanische Brot«. Die runden Weizen- oder Maisfladen haben als Basis vieler Gerichte Eingang in Floridas Speisekarten gefunden.

Gerollte Tortillas erhält man als »burritos« mit verschiedenen Füllungen. Es gibt sie mit »frijoles« (Bohnen) als so genannte »bean burritos«, aber auch mit Salat, Käse, Fleisch usw. oder zum Frühstück mit Rührei, kleinen Bratwürstchen oder Schinken als »breakfast burritos«.

Weiche Tortillas werden mit einer Fleisch- oder Käsefüllung zu »enchiladas« oder »soft tacos« zusammengerollt und anschließend mit »salsa« (meist auf Tomatenbasis gefertigter Sauce) und Käse serviert. Frittierte Tortillas heißen »tacos« oder »tostadas«. Als Beilage gibt es »frijoles refritos« (auch »refried beans«), ein Püree aus gekochten und anschließend gebratenen roten Bohnen.

Oft nicht weniger als ein Nervenkitzel für Gaumen und Magen sind kubanische Gerichte mit feurig klingenden Namen (und oft ebensolchem Geschmack!), so »ropa vieja« (geschnetzeltes Rindfleisch mit Tomaten- und Paprikasauce) und »lechon« (gebratenes Schweinefleisch mit Knoblauch und Orangen).

Mexikanische Gerichte sind häufig recht scharf gewürzt, achten Sie deshalb auf die als »hot« (scharf) gekennzeichneten Menüs, und lassen Sie sich gegebenenfalls die scharfen Saucen (»hot sauces«) extra (»on the side«) geben.

Grillroste, Tische und Bänke finden sich auf den meisten Picknick- und Campingplätzen, insbesondere in landschaftlich reizvoller Umgebung von State und National Parks. Fleisch, Salate, Grillsaucen, Grillkohle und sonstiges Zubehör zur Grillparty sind schnell im Supermarkt besorgt. Zum Grillen eignen sich besonders »spare ribs«, »T-bone steaks«, »pork chops«, »hamburger patties« und »barbecue chicken«. Probieren Sie dazu Maiskolben, dicke Kartoffeln, Krautsalat, und fertig ist das typisch amerikanische Picknick.

Der Alkoholausschank an Personen unter 21 Jahren ist verboten. Ausweiskontrollen in Geschäften, aber auch Bars, Nightclubs und Diskotheken werden streng durchgeführt. An Stränden, in Parks und in Autos sind Alkoholika verboten.

Biere und Weine sowie leichte alkoholhaltige Getränke erhalten Sie in jedem Supermarkt. Höherprozentiges wird manchmal nur in speziellen Spirituosenläden, den so genannten »liquor stores«, verkauft. Ob Cuba libre, Tequila Sunrise oder Piña Colada, Floridas unverwechselbar tropisch-fruchtige, samtig-weiche oder karibisch-spritzige Cocktails – am Strand, vor dem Essen oder zum Sonnenuntergang auf der Hotelterrasse genossen – gehören für viele Besucher zum Florida-Urlaub wie die Sonne und das Meer.

Immer mehr Anhänger finden die »micro breweries«. Die Spezialitäten der kleinen Hausbrauereien sind eine attraktive Alternative zu den in der Regel leichten, hellen amerikanischen Biersorten.

Bei Dinner Shows verbindet man zumeist ein Büfett mit einer unterhaltsamen Show. Zu den besten gehört das **Broadway Palm Dinner Theater** in Fort Myers (→ S. 79) mit fabelhaften Shows im Broadwaystil. Zugkräftig präsentieren sich auch das auf Seeräuberart gestaltete **Pirate's Dinner Adventure** (→ MERIAN-Tipp, S. 15), das mittelalterlich aufgemachte **Medieval Times** und **Capone's Dinner & Show** (→ beide S. 41) in Orlando. Die fantasievoll und mitreißend gestalteten Vorführungen finden meist am frühen Abend in familienfreundlicher Atmosphäre statt. Zum Vergnügen aller werden die Zuschauer immer wieder zum Mitmachen aufgefordert.

Mehrstündige Dinnerkreuzfahrten erfreuen sich größter Popularität. Auf der **Sea Escape**, die von Fort Lauderdale ablegt, und auf der **Palm Beach Princess** ab Palm Beach (→ S. 49), erleben Sie das Flair einer Kreuzfahrt, mit üppigen Büfetts und Kasinoatmosphäre. Die **Jungle Queen** (→ S. 59) bietet neben einer Fahrt über Fort Lauderdales Kanäle ein unterhaltsames Dinner auf einer Insel.

Restaurants sind bei den einzelnen Orten im Kapitel »Unterwegs in Florida« angegeben.

Capone's Dinner und Show (→ S. 41) ist musikalische Broadway-Unterhaltung satt!

Einkaufen

Design-Outlet, Edelboutique oder Mega-Shopping-Mall – Florida ist ein Einkaufsparadies.

Die Worth Avenue in Palm Beach (→ S. 46) ist eine der prachtvollsten Einkaufsstraßen ganz Floridas. Allein der Blick in die Schaufenster lässt Frauenherzen höher schlagen.

Typisch amerikanische »Alltagsklamotten« sind relativ günstig zu kriegen. Beliebte Mitbringsel sind Jeans der Marken Levis und Wrangler, Westernstiefel, Cowboyhüte und Ähnliches, aber auch modische Sportkleidung und -ausrüstung von Nike und Co. Achten Sie bei Elektrogeräten auf einen Spannungsumschalter auf 220 V und bei Videos auf die PAL-Norm.

Riesige **Shopping Malls** mit kostenlosen Parkplätzen findet man häufig an den Hauptdurchgangsstraßen vor den Toren der Stadt. In den mehrstöckigen Einkaufszentren mit Geschäften, Boutiquen und großen Kaufhäusern wie den noblen Gardens of the Palm Beaches (→ S. 48) oder dem Mizner Park in Boca Raton (→ S. 49) trifft man sich zum gemeinsamen klimageschützten Bummel, geht nach dem Einkaufen schnell essen oder entspannt sich in dem angeschlossenen Kinokomplex.

Flohmärkte wie der Daytona Flea & Farmers Market (→ S. 32) oder Fort Lauderdales Swap Shop (→ S. 59) werden oft auf großen, zentral gelegenen Plätzen abgehalten. Flohmärkte vor der eigenen Haustür heißen »garage sales« oder »yard sales«. »Antique Shops« kennzeichnen Fundgruben mit mehr oder weniger stilvollen und betagten Objekten. Museumseigene Geschäfte verkaufen neben regionaltypischem Kunsthandwerk sowie attraktiven Kunstdrucken auch qualitativ ansprechende Souvenirs.

Ein attraktives Bild geben auch die so genannten **Shopping Villages** ab, etwa Naples Tin City (→ S. 80) oder Miamis Bayside Market (→ S. 55) und andere kleinere Einkaufszentren.

Zu Floridas populärsten **Outlet Centers** zählen Fort Lauderdales Sawgrass Mills, Belz Factory Outlet und Pointe Orlando (→ beide S. 40) oder St. Augustines Premium Outlets (→ S. 45). Dort findet man Ange-

---

MERIAN-Tipp

③ Sawgrass Mills

Mit über 200 Geschäften im Direktverkauf ab Hersteller eines der größten Factory Outlet Centers der USA am Rande der Everglades. Kleidung, Schuhe, Sportartikel, Schmuck, Spielzeug etc. aus Vorjahres- und Überproduktionen sind bis zu 70 Prozent preiswerter als »draußen«, für hochaktuelle »Renner« gibt es kaum Nachlass.

12801 W. Sunrise Blvd., Fort Lauderdale; www.sawgrassmillsmall.com; Mo–Sa 10–21.30, So 11–20 Uhr

···⟩ S. 117, E 17

---

bote füt absolut jede Geschmacksrichtung und in allen Preiskategorien. Nachlässe bis zu 60 oder 70 % sind möglich. In der Regel beherrschen Auslaufmodelle der vergangenen Saison das Feld, teils auch mit geringfügigen Qualitätsminderungen. Ein meist gehobenes Niveau repräsentieren die berühmten **Einkaufsstraßen** wie die Worth Avenue in Palm Beach (→ S. 48), die Miracle Mile in Coral Gables (→ S. 56) oder der Las Olas Boulevard in Fort Lauderdale.

In vielen Broschüren, Tageszeitungen oder Faltblättern finden Sie die populären Rabattcoupons oder ganze Couponhefte. Sie entlasten das Urlaubsbudget bei Hotelübernachtungen (→ S. 13), beim Essen, bei Eintrittspreisen etc. oft sehr deutlich. Hier auf jeden Fall zugreifen.

Im Allgemeinen haben Supermärkte mindestens von 7–22 Uhr, viele auch rund um die Uhr, die Malls Mo–Sa von 10–21, So von 12–18 Uhr geöffnet. Selbst an Wochenenden und Feiertagen bleiben nur Behörden und Büros geschlossen.

Geschäfte, Outlet Centers und andere Einkaufsmöglichkeiten sind unter den jeweiligen Orten angegeben.

Feste und Events

Ein bunter Nationen- und Kulturen-Mix hat hier in allen Lebensbereichen seine Spuren hinterlassen.

In Florida erfreuen sich Alt und Jung an den unzähligen bunten Paraden. Bei lebhaften Klängen, viel Tanz und exotischen Genüssen feiert man hier die Feste, wie sie fallen.

Gelegenheiten zum Feiern gibt es in Florida mehr als genug! Ob Miamis Kubaner, die Seminolen-Indianer oder die weiße oder die schwarze Bevölkerung, die unterschiedlichsten Kulturen haben ihre Spuren bei den Festivitäten hinterlassen. Aufstrebende Metropolen, die ständig anwachsende, relativ junge Bevölkerung und ein ungezwungener Lebensstil addieren sich zu einem lebenslustigen Mix, der geradezu zum Feiern einlädt.

Allerorten werden das ganze Jahr über größere und kleinere Feste begangen, die in ihrer Bandbreite von bezaubernd über bemerkenswert bis bizarr reichen. Feiern Sie mit bei Bootsschauen und -paraden, Kinder- und Weinfesten, Angel- und Sandskulpturenwettbewerben, mittelalterlichen Märkten, landwirtschaftlichen Ausstellungen ... und, und, und.

JANUAR
Art Deco Weekend Festival
Mitte des Monats lädt Miami Beach zu Besichtigungen dekorativer Gebäude, zu Vorträgen, Vorführungen, Ausstellungen und Darbietungen rund um Thema Art déco, untermalt von bunten Paraden und viel Entertainment.
www.mdpl.org/ADW

MÄRZ
Bike Week
Bei der größten Motorradveranstaltung der USA in Daytona Beach dreht sich Anfang März alles um Biker: zehn Tage lang Ausstellungen, Rennen, Vorführungen, Paraden, Musik.
www.daytonachamber.com/bwhome.html

Carnaval Miami
Zehn Tage lang Anfang März feiert die kubanische Bevölkerung das größte hispanische Festival Nordamerikas. Höhepunkt zum Abschluss ist das turbulente Straßenfest auf der Calle Ocho im Herzen des Kubanerviertels mit Paraden mitreißender Musik, farbenfrohen Tänzen und exotischen Genüssen.
www.carnavalmiami.com

APRIL
Jacksonville Jazz Festival
Von Ende April bis Anfang Mai treten etablierte Künstler und talentierte Newcomer bei Konzerten und Wettbewerben in den Theatern, Parks, Museen und Hotels der Stadt auf.
www.jacksonville.com/special/jazz

MAI
Isle of Eight Flags Shrimp Festival
Am ersten Maiwochenende steht die Stadt Fernandina Beach mit endlosen Essensständen und Pirateninvasion im Zeichen der Inselgeschichte.
www.shrimpfestival.com

JUNI
Fiesta of Five Flags
Anfang Juni feiert das zehntägige Festival in Pensacola von der Landung der ersten Spanier bis zum Soldatencamp der Konföderierten die Geschichtsepochen der Region.
www.fiestaoffiveflags.org

OKTOBER
Fantasy Fest
Key West feiert sein karibisch-fantasievolles Volksfest in subtropischer Ausgelassenheit Ende Oktober.
www.fantasyfest.net

NOVEMBER
Great Gulfcoast Arts Festival
Am ersten Novemberwochenende auf und um den Seville Square im Herzen Pensacolas: mit Kunsthandwerk von über 200 Ausstellern und Künstlern, mit speziellen Darbietungen für Kinder und Kulinarischem von der Golfküste.
www.ggaf.org

DEZEMBER
British Night Watch and Grand Illumination
Am ersten Wochenende feiert St. Augustine mit Paraden, Kanonenböllern und historischen Aufführungen aus dem Leben in den britischen Soldatencamps des 18. Jh. seine Vergangenheit.
www.britishnightwatch.org

Sport

Fitness an der frischen Luft: Für Radfahrer, Taucher, Wanderer und Kanufahrer ist Florida ein Traumziel.

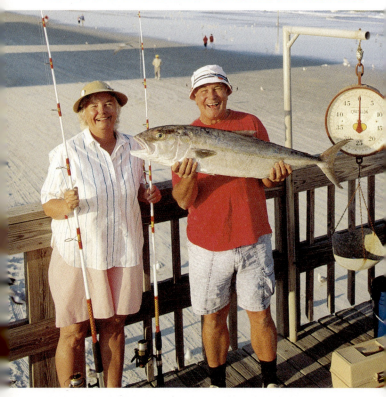

An dem berühmten Daytona Beach (→ S. 31) werden zahllose Wassersportarten ausgeübt, darunter auch das offensichtlich erquickende Angeln.

Neben den typischen Strandsportarten Surfen, Schwimmen und Schnorcheln ist Florida ein Paradies für Angler, Golfer und Kanuten. Hochseeangeln steht hoch im Kurs. Florida zählt zu den Top-Golf-Gebieten der Welt, mehr als 1100 Golfplätze verteilen sich über den Staat. Auch besitzt Florida mit seinen strömungsarmen Bächen und Seen die besten Kanuregionen der USA.

KANUFAHREN

Es ist ein besonderes Erlebnis, mit dem Leihkanu lautlos über den glasklaren Loxahatchee oder Wekiva River zu gleiten, die Kronen subtropischer Bäume über sich. Oder über ruhige Seen und Quellgewässer wie im DeLeon Springs State Park, an deren Ufern sich Schildkröten und Alligatoren sonnen. Auch die weiten, gräsernen Marschen und mangrovenbestandenen Küsten wie im Everglades National Park und im John Pennekamp Coral Reef State Park eignen sich für Paddeltrips. Vielerorts gibt es Leihstationen, die wie nach Flussfahrten auch für den Rücktransport sorgen.

RAD FAHREN

Eine der schönsten Radtouren Floridas bietet **Sanibel Island**. Dort sind die Strecken eben, Sie genießen auf den Radüberwegen Vorfahrt und haben an den Stränden keine Parkplatzprobleme. Leihräder gibt es z. B. im **Sundial Beach Resort** (1451 Middle Gulf Dr.; Tel. 2 39/4 72-41 51 oder 8 00/96-77 72; www.sundialresort. com). Vorbei geht es an dem 30 m hohen Sanibel Lighthouse und an fabelhaften Stränden wie dem Algiers Beach im Gulfside City Park, dem feinsandigen Tarpon Bay Beach oder dem muschelübersäten Bowman's Beach.

Landeinwärts radeln Sie durch den Bailey Tract, ein schönes Naturschutzgebiet mit Alligatoren und unzähligen Vögeln. Ein weiterer Höhepunkt der Sanibel-Radtour ist das **J. N. Ding Darling National Wildlife Refuge** (www.fws.gov/dingdarling; 1 $ pro Fahrradfahrer, 5 $ pro Auto), ein Vogelnistgebiet im Norden der Insel, das Sie auf dem 8 km langen »Wildlife Drive« (Fr gesperrt) »erfahren« können. Das **Bailey-Matthews Shell Museum** (3075 Sanibel-Captiva Rd.; www. shellmuseum.org; Di–So 10–16 Uhr; Eintritt 7 $) informiert hervorragend über den Muschelreichtum der Insel.

TAUCHEN UND SCHNORCHELN

Eine fantastische Unterwasserflora und -fauna charakterisiert das **Florida Reef**, das einzige lebende natürliche Korallenriff vor dem US-Festland, das von den Keys bis Palm Beach reicht. Die schönsten Tauch- und Schnorchelgründe an Korallenbänken finden Sie in den Keys und im **Biscayne National Park** südlich von Miami. Vor Miami, Fort Lauderdale und Palm Beach bilden auch künstliche Riffe aus versenkten Schiffen populäre Taucherziele (z. B. mit South Beach Divers, 850 Washington Ave., Miami Beach; Tel. 3 05/ 5 31-61 10; www.southbeachdivers. com). Zudem finden Sie in den glasklaren Quellgewässern im Inland, wie beispielsweise den **Ginnie Springs** (→ S. 88), beste Tauchreviere.

WANDERN

Die State und National Parks und viele Naturschutzgebiete bieten eine Fülle an kurzen, markierten Wanderwegen. Waldwanderwege durchziehen Floridas größten, urwüchsigen Sumpfzypressenwald im **Corkscrew Swamp Sanctuary** (→ S. 78). Sumpfstege führen in die Mangrovenwälder und Salzmarschen des **Everglades National Park** 👣. Ausgedehnte Dünenwanderungen unternehmen Sie in der **Gulf Islands National Seashore** oder dem **St. Joseph Peninsula State Park**. Die angenehmste Wanderzeit liegt in den kühleren und trockeneren Monaten von Oktober bis März. Im Highlands Hammock State schlängelt sich der Cypress Swamp Trail durch einen malerischen Zypressensumpf.

Eldorado für Sonnenhungrige

So schön wie klischeehaft: Die Strände Floridas bieten nicht nur Platz für Beachboys oder Strandläufer.

In Florida haben Sie es von kaum einem Punkt im Inland deutlich weiter als 100 km zum Meer. Naturgemäß ist die Vielfalt an Stränden also außerordentlich groß. Sie reicht von der touristisch bestens erschlossenen Strandgemeinde bis hin zum einsamen Naturschutzgebiet. Lediglich auf den Keys und an der nördlichen Westküste machen sich die Strände rar.

Alle Strände sind uneingeschränkt öffentlich zugänglich. Sportmöglichkeiten sind vielfältig, neben Schnorcheln, Schwimmen und Strandwandern stehen Beach Volleyball und Surfen ganz oben in der Hitliste. Surfen ist gerade an der Atlantikküste beliebt, weil dort der Wellengang höher ist als am Golf.

ken. Im Gegensatz dazu wartet die Canaveral National Seashore nördlich des Kennedy Space Center mit den wohl unberührtesten Stränden der Atlantikküste auf. Im Norden erstreckt sich der Apollo Beach, im Süden der Playalinda Beach mit inoffiziellem FKK-Strand. In der Region um Cocoa Beach finden Sie die besten Spots zum Surfen. Viele weitere Strände, insbesondere von Melbourne über Palm Beach bis Miami, gehören zu den populärsten des Staates. Ein sehr schöner Stopp auf dem Weg nach Süden ist der Red Reef Park in Boca Raton. Palmengesäumt mit angrenzender vorzüglicher touristischer Infrastruktur präsentiert sich Fort Lauderdales Beach, ein Muss im Florida-Urlaub.

DIE ATLANTIKKÜSTE

Im Nordosten präsentieren sich der **Main Beach** auf Amelia Island wie auch Jacksonvilles Little Talbot Island State Park als besonders attraktiv. Weiter südlich zählt die Touristenhochburg Daytona Beach zu den bekanntesten Zielen. Mit dem Auto dürfen Sie im Schritttempo auf dem 37 km langen, festen Strand fahren und par-

MIAMI UND DIE FLORIDA KEYS

Der Großraum Miami bietet eine überraschende Fülle an Stränden. Überaus beliebt sind die buchtenreichen, mit Mangrovenwald bestandenen Ufer des Matheson Hammock Park an der Biscayne Bay. Dort gibt es einen weitläufigen Badestrand mit Palmen und Blick auf die Skyline. Familienfreundliche Badeziele sind auch der Crandon

Beach Park auf Key Biscayne und Bill Baggs Cape Florida State Park.

Ein Schmuckstück der Keys ist der Bahia Honda State Park mit seiner palmen- und mangrovengesäumten Küste auf halber Strecke zwischen Marathon und Key West. Die dortigen Beaches verfügen über lange Sandstrände. Die Korallenriffe im türkisfarben bis smaragdgrün schimmernden Meer halten fabelhafte Tauch- und Schnorchelreviere bereit.

DIE GOLFKÜSTE

Im Westen genießen Sie zwischen Naples und Fort Myers, Sarasota und Clearwater Strandvergnügen pur, allen voran am Naples Vanderbilt Beach und den Familienstränden bei Fort Myers Beach. Das feinsandige, weiße Strandparadies Lovers Key gilt als Geheimtipp unter Hochzeitspaaren. Sanibel Island nennt den Lighthouse Point Beach, den Tarpon Bay Beach und den muschelübersäten Bowman's Beach in vorderster Reihe. Sanibels kleine Schwester Captiva ist stolz auf ihren Turner's Beach. Crescent Beach auf Siesta Key bei Sarasota ist eine weitere Perle in der Strandkette Floridas, dem die Beaches der nahe gelegenen Longboat Key in punkto Schönheit in nichts nachstehen. Weitere Traumziele an der Westküste sind der Fort Soto State Park an der Südspitze von Mullet Key, Honeymoon Island bei Dunedin und ihre unerschlossene Nachbarinsel Caladesi Island.

Weiter im Norden folgt lange eine sachte, grüne Küste ohne bedeutende Strände. Paradiesisch sind erst wieder die Quarzsandstrände im Nordwesten. Zuckerweiß und menschenleer umrahmen Sandstrände und eine warme Brandung die schmalen Nehrungsinseln St. George Island und St. Joseph Island. Zwischen Panama City Beach und Pensacola finden sich die wohl schönsten Strände Floridas. Das Kaleidoskop reicht vom bestens erschlossenen Panama City Beach bis zu Natur pur im St. Andrews State Park. Westlich von Seaside bietet der **Grayton Beach** State Park schneeweiße Traumstrände. Destin und Fort Walton Beachs malerische Küsten weisen neben einer ausgezeichneten Infrastruktur auch herrliche naturverbliebene Abschnitte auf. Zu den Höhepunkten bei Pensacola gehört die Nehrungsinsel Okaloosa. Unvergleichlich sind die unerschlossenen Strände von Perdido Key, einer Nehrungsinsel im äußersten Nordwesten nahe der Grenze zu Alabama, die wie Santa Rosa Island Teil des Gulf Islands National Seashore ist.

Weitere Auskünfte über Floridas Traumstrände unter:
····❯ www.drbeach.org

Neben Sonne, Strand und Meer gibt es viel Platz und erholsame Ruhe am Morada Bay im Ort Marathon.

Familientipps – Hits für Kids

Strände und Sonne, Wildnis und Wasser, Delfine, Alligatoren und Pluto, Mickey Mouse & Co.

Eine Audienz bei Mickey Mouse, dem ungekrönten Oberhaupt des Magic Kingdom (→ S. 38), ist wohl ein unvergessliches Erlebnis.

Besuche im Miami Metrozoo oder in Wasserparks wie Orlandos »Wet'n Wild« (→ S. 39) und Tampas »Adventure Island« (→ S. 74) sorgen für Urlaubsspaß, ebenso ein Strandaufenthalt, z. B. mit Muschelsammeln auf Sanibel Island oder Sandburgenbauen in Seaside.

Im Biscayne National Park können von Glasbodenbooten Tropenfische beobachtet werden, und am Tamiami Trail saust man im Airboat durch das hohe Gras der Everglades. Im Freilichtmuseum Spanish Quarter in St. Augustine führen »Bewohner« in historischer Kleidung das Alltagsleben früherer Zeiten vor.

Optimal für Familienferien im Wohnmobil eignen sich Übernachtungen und Stopps in State Parks, wo Lagerfeuer, Tierbeobachtungen und die Natur für ungebundene Tage sorgen. Mit Spielplätzen, Swimmingpools und Freizeitaktivitäten locken komfortable KOA-Campingplätze (www.koa.com). Hotels und Motels lassen Jugendliche bis 18 Jahre häufig ohne Zusatzkosten im Zimmer ihrer Eltern schlafen, für die Kleinsten werden Extra-Kinderbetten bereitgestellt. Schnell steht im Restaurant der Kinderstuhl bereit, meist gibt es Kindermenüs und etwas zu spielen.

Key West Aquarium   ····⟩ S. 118, A 24
In dem Aquarium am Mallory Square erleben Kinder täglich Hai- und Schildkrötenfütterungen, können in einem »touch tank« Rochen, Seeanemonen und andere Kreaturen des Meeres berühren.
1 Whitehead St., Key West; www. keywestaquarium.com; tgl. 10–18 Uhr; Eintritt 12 $, Kinder 5 $

Monkey Jungle   ····⟩ S. 119, E 21
Statt der Tiere bewegen sich hier die Besucher hinter den Absperrungen. Südamerikanische Affen im Amazonas-Regenwald und andere frei lebende Primaten bevölkern den naturgetreu nachgestellten Lebensraum im Süden von Miami.
14805 SW 216th St., Miami; www. monkeyjungle.com; tgl. 9.30–17 Uhr; Eintritt 30 $, Kinder 24 $

Parker Manatee Aquarium
····⟩ S. 114, A 15
Der Clou dieses Teils des South Florida Museums in Bradenton (→ S. 76) sind die öffentlichen Fütterungen der beiden Seekühe »Snooty« und »Mo«.
201 10th St. W, Bradenton; www. southfloridamuseum.org; Vorführungen 11.15, 13, 14.45 und 15.45 Uhr; Eintritt 16 $, Kinder 12 $

Parrot Jungle
····⟩ Umschlagkarte hinten, d 3
Tropische Gärten und Begegnungen mit rund 3000 exotischen Tieren und etwa 500 Pflanzenarten sowie Tiervorführungen, Flugvolieren, ein Streichelzoo und ein Freilichttheater sind Attraktionen des Parks am MacArthur Causeway zwischen Downtown und Miami Beach. Über 200 Papageienarten sind dort zu Hause. Im Everglades Habitat leben Reptilien und Amphibien der Everglades, samt seiner Krokodile.
1111 Parrot Jungle Trail, Miami; www. parrotjungle.com; tgl. 10–18 Uhr; Eintritt 28 $, Kinder 23 $

Silver Springs Boat Tours
····⟩ S. 112, C 12
In dem riesigen Vergnügungs- und Naturpark östlich von Ocala können Sie bei der Glasbodenboottour über den klaren Quellen der Silver Springs durch den Glasboden Fische beobachten. Auf der Jungle Cruise gibt es Tiere aus aller Welt zu sehen. Zur Anlage gehört außerdem der Wasserpark »Silver Springs Wild Waters« (April–Sept.; www.wildwaterspark. com, Eintritt 40 $).
5656 E. Silver Springs Blvd. (SR 40); www.silversprings.com; tgl. 10–17 Uhr; Eintritt 35 $, Kinder 25 $

Unterwegs in Florida

Cafés und Bars reihen sich in Miami Beach (→ S. 51) aneinander. Wer in das Nachtleben eintauchen möchte, lässt sich hier sehen – und möchte wohl auch gesehen werden.

Zwischen Sommersonne und Winterwonnen: Florida verspricht einen bunten, subtropischen Mix aus prachtvollen Stränden, lebendigen Erlebnisparks und üppig grüner Natur.

Die Atlantikküste

Strände und Raketen sowie die älteste permanent besiedelte Stadt nördlich von Mexiko.

Als ein etwas verkitschtes Neuschwanstein im Miniformat präsentiert sich Cinderellas Märchenschloss im Magischen Königreich in Orlandos Disney World (→ S. 38).

Jährlich strömen mehr als acht Millionen Besucher aus aller Welt an die Atlantikküste, die sich von Ormond-by-the Sea bis zum Fischerort Ponce Inlet erstreckt. Der 37 km lange Küstenabschnitt gehört zu den beliebtesten Ecken des Staates Florida.

Daytona Beach

···⟩ S. 113, E 12

65 000 Einwohner

Der berühmteste Strand der Welt darf auf 21 km Länge von Autos befahren werden. Anfang des 20. Jh. wurden dort zahlreiche Geschwindigkeitsweltrekorde aufgestellt, zuletzt erreichte Sir Malcolm Campbell 1935 im raketengetriebenen »Bluebird Special V« die 485-km/h-Marke.

Heute verfolgen am dritten Sonntag im Februar Hunderttausende das »Daytona 500«, ein berühmtes Serienwagenrennen. Die zehntägige »Bike Week« Anfang März mit dem »Daytona 200« als Höhepunkt ist das Top-Ereignis für Motorradfans weltweit.

Der Strand gleicht während des »Spring Break« (Osterferien der College-Studenten) einer Hauptverkehrsstraße, wo die Insassen blank polierter Gefährte im Schritttempo am braun gebrannten Publikum vorbeifahren.

HOTELS/ANDERE UNTERKÜNFTE
Live Oak Bed & Breakfast and Restaurant
Historisches Country Inn mit ausgezeichnetem Restaurant (Dinner Di–Sa) nahe des Jachthafens am Halifax River.
444-448 S. Beach St.; Tel. 386/252-4667; 14 Zimmer ●●●

SEHENSWERTES
Daytona 500 Experience 🏃🏃
Das moderne Rennsportmuseum und Unterhaltungszentrum am International Speedway erzählt die Geschichte des Rennsports in Daytona Beach 🏃🏃, zeigt Filme mit Originalsound und -rennwagen. In der Lobby des Museums befindet sich eine Stadtinformation (Tel. 386/253-8669).
1801 W. International Speedway Blvd.; www.daytona500experience.com; tgl. 10–18 Uhr; Eintritt 24 $, Kinder 19 $

Ponce de Leon Inlet Lighthouse
Der 1887 in Betrieb genommene Leuchtturm mit Ausstellungen zu Leuchttürmen und zur Seefahrt liegt am Südende von Daytona Beach im Stadtteil Ponce Inlet. Vom höchsten Leuchtturm Floridas (53 m) genießen Sie (nur bei klarem Wetter geöffnet) einen herrlichen Blick auf die Umgebung und den Hafen, wo die Beute der nachmittags heimkehrenden Fischerboote filetiert und verkauft wird.
4931 S. Peninsula Dr.; www.ponceinlet.org; tgl. 10–18 Uhr, im Sommer bis 21 Uhr; Eintritt 5 $

MUSEEN
Mote Marine Aquarium
Meeresaquarium und Teil des Mote Marine Science Center zur Küstenflora und -fauna. Im Lighthouse Park.
100 Lighthouse Dr.; www.mote.org; tgl. 10–17 Uhr; Eintritt 17 $, Kinder 12 $

Museum of Arts and Sciences
Interessantes aus Floridas Frühgeschichte, Kuba zwischen 1759 und 1959 sowie der amerikanischen Kunst des 18. und 19. Jh.; mit Planetarium.
1040 Museum Blvd.; www.moas.org; Mo–Sa 9–17, So 11–17 Uhr; Eintritt 12 $

ESSEN UND TRINKEN
Aunt Catfish's on the River
Fischgerichte nach Südstaatenrezepten. Am Westende der Dunlawton-Brücke nach Port Orange gelegen.
4009 Halifax Dr.; www. auntcatfishontheriver.com; Tel. 386/767-4768 ●●

Down the Hatch
Fischlokal am Halifax River mit schönen Ausblicken. Abends großer Andrang; riesige Portionen.
4894 Front St.; Tel. 386/761-4831 ●●

Daytona International Speedway in der Motorsporthauptstadt der Vereinigten Staaten.

Einkaufen
Daytona Flea & Farmers Market
Einer der größten Flohmärkte Floridas, an der Kreuzung I-95/US Hwy 92 gelegen. Mit Hunderten von Ständen.
2987 Bellevue Ave.; www. daytonafleamarket.com; Fr–So 9–17 Uhr

Am Abend
Razzle's
Beliebter Club mit super Light- und Soundshows.
611 Seabreeze Blvd.; www. razzlesnightclub.com; Tel. 386/257-6236

Service
Auskunft
Daytona Beach Convention & Visitors Bureau
(→ DAYTONA 500, S.31)
126 E. Orange Ave.; Daytona Beach, FL 32114; Tel. 386/255-0415, 800/854-1234; So geschl.; www.daytonabeach.com

Greyhound Bus Terminal
138 S. Ridgewood Ave.; Tel. 386/ 255-7076; www.greyhound.com

Taxi
Yellow Cab, Tel. 386/255-5555, 800/829-422

Ziel in der Umgebung

DeLeon Springs State Park

⤳ S. 113, E 12

Die mit 22 °C angenehm kühle Quelle füllt ein großes Naturschwimmbecken. Mit Leihkanus können Sie Ausflüge in das naturbelassene Schutzgebiet unternehmen. Im Schatten alter Bäume steht das **Old Spanish Sugar Mill Grill & Griddle House** (tgl. 9–16 Uhr, Tel. 386/985-5644 ●), wo sich die Gäste ihre Pfannkuchen – die Spezialität des Restaurants – direkt am Tisch selber zubereiten.
US Hwy 17 in DeLeon Springs, 45 km westl. von Daytona Beach; www. floridastateparks.org/deleonsprings; tgl. 8 Uhr bis Dämmerung; Eintritt 5 $/Wagen

Jacksonville ···⟶ S. 112, C 10

795 000 Einwohner

Südlich von Jacksonville Beach und Ponte Vedra Beach wird der Küstenstrich schlagartig einsamer, mit sehr hübschen Strandabschnitten entlang der Küstenstraße SR A1A bis nach St. Augustine 👫. Unberührte Sandstrände gibt es auch nördlich des St. Johns River im **Little Talbot Island State Park**. Autos dürfen nur an wenigen Stellen an den Strand, etwa im **Huguenot Memorial Park**, wo auf einer schmalen Landzunge zwischen der Mündung des St. Johns River und dem Fort George Inlet die Beach Boys und Girls der Umgebung ihre aufgeputzten Wagen und Körper von der Sonne verwöhnen lassen.

Der **St. Johns River**, der längste Fluss Floridas, fließt mitten durch Jacksonvilles Stadtzentrum, mit großen Bootsanlegestellen an beiden Ufern. Ein schöner Spaziergang beginnt am **Jacksonville Landing** am Nordufer, einem Einkaufszentrum, führt über die **Main Street Bridge** bis zum **Riverwalk** am Südufer. Von der hübschen Uferpromenade mit Museen und Restaurants »River City Brewing Company« (835 Museum Circle; Tel. 904/398-

2299 ●●, mit hausgebrautem Bier) hat man stets die Skyline der Stadt im Blick. Am Westende des Riverwalk gegenüber von Jacksonville Landing schießt der Springbrunnen im **Friendship Park** hohe Fontänen in die Luft. Zwischen beiden Flussufern verkehren Water Taxis.

HOTELS/ANDERE UNTERKÜNFTE

The Inn at Oak Street
Komfortables Bed and Breakfast in denkmalgeschützter Nachbarschaft am St. Johns River.
2114 Oak St.; Tel. 904/384-9496;
www.innatoakstreet.com; 6 Zimmer
●●●–●●●●

SEHENSWERTES

Kingsley Plantation
Zephaniah Kingsley zählte zu den bedeutendsten Sklavenhaltern an der Südostküste der USA. Gravierend ist der Kontrast zwischen seinem Anfang des 19. Jh. erbauten weißen Herrenhaus am Flussufer und den Ruinen der aus Muschelschalen und Sand gemauerten Massenquartiere der Sklaven. Teil des Timucuan Preserve.
11676 Palmetto Ave.;
www.nps.gov/timu; tgl. 9–17 Uhr;
Eintritt frei

Hinter dem St. John's River ragt die Skyline von Jacksonville empor. Die Main Street Bridge verbindet das durch den Fluss getrennte Stadtzentrum.

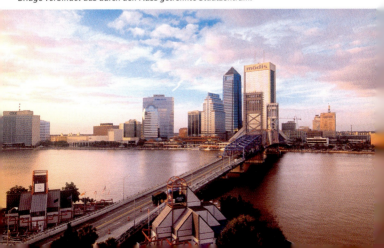

Cummer Museum of Art
Zu den Ausstellungsstücken zählen Meißner Porzellan aus dem frühen 18. Jh. und amerikanische Gemälde.
829 Riverside Ave.; www.cummer.org; Di–Sa 10–16 (Di bis 21 Uhr), So 12–17 Uhr; Eintritt 10 $

Museum of Science and History
Das Museum thematisiert Naturwissenschaft und die regionale Geschichte. Das Planetarium zeigt spektakuläre Multimedia-Shows.
1025 Museum Circle; www.themosh.org; Mo–Fr 10–17, Sa/So 10–18 Uhr; Eintritt 9 $, Kinder 7 $

Chart House
Frische Fischgerichte und Steak.
1501 River Place Blvd.; Tel. 904/398-3353; www.chart-house.com ●●●

Matthew's Restaurant
Mediterrane Küche und eine große Weinkarte bietet das viel gelobte Restaurant in San Marco. Nur Dinner.
2107 Hendricks Ave.; www.matthewsrestaurant.com; Tel. 904/396-9922; So geschl. ●●●

Auskunft
Jacksonville & The Beaches CVB
550 Water St., Suite 1000, Jacksonville, FL 32202; Tel. 904/798-9111, 800/733-2668; www.visitjacksonville.com; Mo–Fr 8–17 Uhr

Amtrak-Bahnhof
3570 Clifford Lane

Greyhound Bus Terminal
10 N. Pearl St.; Tel. 904/356-9976; www.greyhound.com

Taxi
Checker Cab, Tel. 904/355-9911; www.checkercabjax.com

Ziel in der Umgebung

Amelia Island ····› S. 113, E 10

Die Insel an Floridas Nordgrenze zu Georgia zeigt zwei schöne Gesichter: die schmucke Altstadt von **Fernandina Beach** und kilometerlange Sandstrände. In ihrer Geschichte wehten acht verschiedene Flaggen über Amelia

Sicher und trockenen Fußes führt der Naturlehrpfad auf der Amelia Island Plantation die Besucher über die Sümpfe, wo es eine vielfältige Vogelpopulation zu entdecken gibt.

Island, letztmalig wechselte die Insel 1862 im Bürgerkrieg zwischen Nord- und Südstaaten den Besitzer.

Fernandina Beach (11 3000 Einwohner) konzentriert sich um die Centre Street, dort befindet sich unter Nr. 117 der Palace Saloon von 1878, Floridas ältester Saloon (Tel. 904/491-3332; tgl. 12–2 Uhr). Das Städtchen besitzt einen der bedeutendsten Krabbenfischerhäfen Floridas. Zur abendlichen Ankunft der Fischerboote versammelt man sich am Pier und beobachtet den Sonnenuntergang.

58 km nordöstl. von Jacksonville

HOTELS/ANDERE UNTERKÜNFTE

Florida House Inn & Restaurant
1857 erbautes Bed & Breakfast, das älteste ununterbrochen genutzte Hotel Floridas. Restaurant mit Südstaatenküche. Ein Haus mit viel Charme.
22 S. 3rd St., Fernandina Beach; Tel. 904/ 261-3300, 800/258-3301; www. floridahouseinn.com; 22 Zimmer ●●

SEHENSWERTES

Fort Clinch State Park
Die ab 1847 erbaute fünfeckige Festungsanlage Fort Clinch State Park (tgl. ab 8 Uhr, 5 $) nimmt die Nordspitze von Amelia Island ein. Park Ranger präsentieren das Soldatenleben zur Zeit des amerikanischen Bürgerkriegs.
www.floridastateparks.org/fortclinch

ESSEN UND TRINKEN

The Beech Street Grill
Elegantes Ambiente, innovative Gerichte und preisgekrönte Weinliste.
801 Beech St., Fernandina Beach; Tel. 904/277-3662; www.beechstreetgrill.com ●●

Orlando   ⤳ S. 115, D 13

220 200 Einwohner
Stadtplan → S. 37

Disney World, die größten Filmstudios außerhalb Hollywoods, zwei riesige Tierparks, die größten Wasserparks der USA, extravagante Dinner Shows, das nahe gelegene Kennedy Space Center – die Glanzpunkte in und um Orlando scheinen endlos 👫.

Am 1. Oktober 1971, im Volksmund »Disney Day« genannt, eröffnete das **Magic Kingdom**, ein Wendepunkt in der jüngsten Geschichte Zentralfloridas. Das ruhige Winterquartier für wohlhabende Bürger aus dem Norden der USA, das von Viehzucht und Zitrusindustrie lebte, verwandelte sich im Handumdrehen in das Tourismuszentrum Amerikas. Walt Disney hatte den Prototyp einer stets freundlichen, hypergepflegten Kunststadt geschaffen. Heute stattet jeder dritte Florida-Besucher dem Magischen Königreich von Mickey Mouse einen Besuch ab.

Der Aufenthalt in den riesigen Vergnügungsparks erfordert wegen der langen Fußwege und der unvermeidlichen Warteschlangen erhebliches Stehvermögen. Frühmorgens und insbesondere am späteren Nachmittag, wenn viele Besucher schon zu den Ausgängen strömen, entgeht man dem größten Ansturm. Mit Gatorland und anderen Tierparks, zahlreichen Naturparks sowie unzähligen Flüssen und Seen in unverbrauchter Natur besitzen Orlando und Umgebung ein vielseitiges Kontrastprogramm.

HOTELS/ANDERE UNTERKÜNFTE

America's Best Value Inn & Suites Maingate 👫   ⤳ S. 37, a 4
Familienfreundliches Motel mit großem Pool. Kostenlose Busverbindung zu den vier Disney-Themenparks.
7514 W. Irlo Bronson Hwy (US Hwy 192), Kissimmee; Tel. 407/396-2000, 888/ 315-2378; www.americasbestvalueinn. com; 420 Zimmer ●●●

Perri House B & B Inn   ⤳ S. 37, a 3
Entzückendes kleines Country Inn mit Pool, nur 5 km von Disney World.
10417 Vista Oaks Court, Lake Buena Vista; Tel. 407/876-4830, 800/780-4830; www.perrihouse.com; 8 Zimmer ●●●

The Lakeside Inn   ····⟩ S. 114, C 13
Das ruhige Hotel am Lake Dora wurde Anfang des 20. Jh. erbaut, mit Tennisplätzen, Kanu- und Radverleih.
100 N. Alexander St., in Mount Dora nordwestl. von Orlando; Tel. 352/383-4101, 800/556-5016; www.lakeside-inn.com; 88 Zimmer ●●●

**Seralago Hotel & Suites
Main Gate East** 🏊🎾   ····⟩ S. 37, a 4
Familienfreundliches Hotel mit Whirlpools, Basketball-, Volleyball- und Tennisplätzen. Gratis-Busverbindung zu den vier Disney-Themenparks.
5678 W. Irlo Bronson Hwy (US Hwy 192), Kissimmee; Tel. 800/366-5437; www. seralagohotel.com; 614 Zimmer ●●

SEHENSWERTES
Disney's Animal Kingdom 🏊🎾
   ····⟩ S. 37, a 4
Das »Tierkönigreich« bietet eine exzellente Mischung aus Tierpark und Entertainment: Erleben Sie eine Zeitreise von 65 Mio. Jahren in die Welt der Dinosaurier, genießen Sie »Finding Nemo«, ein halbstündiges Musical um den beliebten Clownfisch, und tauchen Sie ein in eine imaginäre Welt freundlicher Insekten! Lassen Sie sich davontragen auf einer Safarifahrt um den Kilimandscharo oder einer wilden Everest-Achterbahn-Schussfahrt!
Walt Disney World; www.disneyworld. com; tgl. 9–17 Uhr, in der Hauptsaison und an Wochenenden länger; Tageseintritt 75 $, Kinder 65 $

**Disney's Blizzard Beach
Water Park** 🏊🎾   ····⟩ S. 37, a 4
Wasserpark im Winterdesign, mit Wasserrutschen und eisigen Bobfahrten.
Walt Disney World; www.disneyworld. com; tgl. 10–18 Uhr, im Sommer länger; Tageseintritt 40 $, Kinder 34 $

Disney's Hollywood Studios 🏊🎾
   ····⟩ S. 37, a 4
Disneys Filmstudios geben Einblick in die Welt der Stunts und Spezialeffekte. Insbesondere Kinder lieben »Play-

house Disney« mit den lebensgroßen Disney-Figuren auf der Bühne. Rasant wird es bei der Achterbahnfahrt zur Musik von Aerosmith, während »Die Schöne und das Biest« im **Theater of the Stars** Broadwayflair verbreiten. Nervenkitzel verspricht der »Twilight Zone Tower of Terror« u. a. mit einem 13 Stockwerke tiefen Fall.
Walt Disney World; www.disneyworld. com; tgl. 9–19 Uhr, in der Hauptsaison und an Wochenenden länger; Eintritt 75 $ und Kinder 65 $

Epcot 🏊🎾   ····⟩ S. 37, a 4
Disneys größter Park präsentiert in Future World die technologischen Errungenschaften und Zukunftsvorstellungen Amerikas. Im zweiten Parkteil, dem World Showcase, steht Typisches aus elf Ländern der Erde, wie z. B. der Pariser Eiffelturm und Venedigs Markusplatz, im Mittelpunkt. Zu den Besonderheiten gehören u. a. **Mission: Space**, wo Sie Weltraumerfahrungen erleben, Teil eines Astronautenteams werden und so authentisch wie möglich auf kosmische Mission gehen können, ohne die Erde zu verlassen. Für diejenigen, die den Kick suchen, empfiehlt sich **Test Track**: eine Achterbahn oder doch eine haarsträubende »Auto-Testfahrt« mit fast 100 km/h?
Walt Disney World; www.disneyworld. com; tgl. 9–21 Uhr, in der Hauptsaison und an Wochenenden länger; Tageseintritt 75 $ und Kinder 65 $

Gatorland 🏊🎾   ····⟩ S. 37, b 3
Beim Gator Jumparoo stemmen sich Alligatoren und Krokodile mit dem kräftigen Schwanz aus dem Wasser und fassen mit weit aufgerissenen Schlünden nach dem Köder. Zudem werden spannende Alligatorenringkämpfe und Schlangenshows gekonnt inszeniert.
14501 S. US Hwy 441; www.gatorland.com; tgl. 9–17 Uhr, im Sommer länger; Eintritt 23 $, Kinder 15 $

Harry P. Leu Gardens ⟶ S. 37, c 1
Einer der größten Rosen- und Kameli-
engärten Floridas. Auf den 20 ha
wachsen auch Orchideen und Palmen.
1920 N. Forest Ave.;
www.leugardens.org; tgl. 9–17 Uhr,
April–Okt. 9–20 Uhr; Eintritt 7 $

Islands of Adventure 🏃🏃 ⟶ S. 37, b 2
Vergnügungspark der Superlative:
Groß und Klein erleben filmreife Dinos
im **Jurassic Park**, wagen sich auf dem

»Lost Continent« auf einen Trip mit
den »Dueling Dragons«, zwei ineinan-
der verwobenen Achterbahnen, steigen in der »Toon Lagoon« ein in die
Zeichentrickwelt von Popeye und Co.
oder in »Seuss Landing« in die Welt
der beliebten amerikanischen Kinder-
bücher. Mit dem bekannten Comichel-
den **Spider-Man** erleben Sie auf dem
»Marvel Comic Super Hero Island«
spektakuläre 3-D-Abenteuer inklusive
virtuellem 120-m-Sturz in die Tiefe.

MERIAN-Tipp

 Reservierung Magic Kingdom

Reservieren Sie rechtzeitig telefonisch oder im Internet Eintrittskarten für Disney-Restaurants, -Shows und spezielle Veranstaltungen. Die allgemeine Besucherinformation erreichen Sie unter Tel. 407/939-6244, die Disney-Zimmerreservierung unter Tel. 407/939-7429 und Tickets bestellen Sie unter Tel. 407/939-1289 vor. Weitere Informationen zur Ticketreservierung unter www.disneyworld.com.

···› S. 37, a 3

Zufahrt wie Universal Studios; www.universalorlando.com; tgl. 9–18 Uhr; in der Hauptsaison und an Wochenenden länger; Tageseintritt 75 $, Kinder 65 $

Magic Kingdom Disney World 🚹🚺

···› S. 37, a 3

Das ist Orlandos meistbesuchter Park. Täglich um 15 Uhr tanzt die große »Disney's Dreams Come True Parade« durch die Main Street, im Hintergrund **Cinderella's Castle**. Einige der Attraktionen sind eine Achterbahnfahrt durch den schwarzen Weltraum des **Space Mountain**, eine Fahrt mit der »Big Thunder Mountain Railroad«, vorbei an Dinosaurierskeletten und verfallenen Goldminen. Einer der Höhepunkte des Parks ist »Wishes Nighttime Spectacular«, eine von Disney inspirierte pyrotechnische Show.

Mit einer 15 m langen Schussfahrt endet schließlich die Bootsfahrt vom **Splash Mountain**, abenteuerlich-spaßig muten die Piratenattacken der »Pirates of the Caribbean« an. Walt Disney World; www.disneyworld.com; tgl. 9–19 Uhr, in der Hochsaison und an Wochenenden länger; Tageseintritt 75 $, Kinder 65 $

SeaWorld 🚹🚺

···› S. 37, b 3

Orlandos bester Tierpark ist als »Home of the Killer Whale Shamu« bekannt und Schauplatz der wohl beeindruckendsten Walshow Amerikas. Veranstaltungen finden mehrmals täglich statt. Eine Show im Broadway-Stil mit Delfinen, Vögeln und atemberaubenden Stunts bietet »Blue Horizons«.

Im **Shark Encounter** führt ein Acrylglastunnel durch eine Unterwasserlandschaft mit verschiedenen Haiarten und tropischen Fischen. Auge in Auge mit den Eisbären stehen Sie in der **Wild Arctic**. Tierisch ist ebenfalls »Kraken«, eine der wildesten Achterbahnen der USA. 7007 SeaWorld Dr.; www.seaworld.com; tgl. 9–19 Uhr, im Sommer und an Wochenenden länger; Tageseintritt 75 $, Kinder 65 $

Typhoon Lagoon 🚹🚺

···› S. 37, a 4

Schwimmen oder schnorcheln Sie im Korallenriff, baden Sie in einer Lagune mit Wellen und Sandstrand. Disneys populärster Wasserpark bietet Wasserrutschen im Karibikdesign. Walt Disney World; www.disneyworld.com; tgl. 10–18 Uhr, im Sommer und an Wochenenden länger; Tageseintritt 40 $, Kinder 34 $

Universal Studios Florida 🚹🚺

···› S. 37, b 2

Spektakuläre Fahrten und verblüffend authentische Kulissen machen die Filmstudios zu einer der Hauptattraktionen Orlandos. Erleben Sie bei »Disaster« ein filmreifes Erdbeben der Stärke 8,3 bei der »Revenge of the Mummy« eine wilde Achterbahnfahrt oder stellen Sie sich bei »Twister« stürmischer Gewalt und erstaunlichen Spezialeffekten entgegen. Gewinnen Sie in der »Universal Horror Make-up Show« Einblicke in die Welt der Maskenbildner und verblüffenden Spezialeffekte im Film.

Weitere Highlights: der »Terminator 2« in seinem atemberaubenden 3-D-»Battle-Across-Time«, einer Live-Action-Abenteuer-Show, basierend

auf den bekannten »Terminator«-Filmen mit Arnold Schwarzenegger, sowie »Fear Factor Live«, wo sich mutige Zuschauer wie echte Filmhelden an Stunts und andere interessante Drehszenen wagen dürfen.
100 Universal Studios Plaza, Ausfahrt 75 A (ostwärts) oder 74 B (westwärts) der I-4; www.universalorlando.com; tgl. 9–19 Uhr, in der Hochsaison und an Wochenenden länger; Tageseintritt 75 $, Kinder 65 $

Wekiwa Springs State Park 👫

···⟩ S. 37, nördl. c 1

Der Wekiwa River, ein wunderschöner, ruhig mäandernder Fluss mit überhängenden Bäumen und üppig grüner Vegetation, zählt zu den beliebtesten Kanuflüssen Floridas. Beginnen Sie Ihre Kanutour an der Quelle im State Park.
1800 Wekiva Circle; www.floridastateparks.org/wekiwasprings; tgl. 8 Uhr bis zur Dämmerung; Eintritt 5 $/Wagen

Wet'n Wild 👫   ···⟩ S. 37, b 3

Populärster Wasservergnügungspark der USA: unübertroffen mit seinen rasanten Wasserrutschen, turbulenten freien Fällen in Lagunen, Wildwasserfahrten, Wellenpools in allen Größen und Variationen und spritzigen Wasserbobs.
6200 International Dr.; www.wetnwildorlando.com; tgl. 10–18 Uhr, im Hochsommer und an Wochenenden bis 23 Uhr; Tageseintritt 45 $, Kinder 39 $

MUSEEN

Orlando Science Center 👫

···⟩ S. 37, c 1

Im modernen Naturwissenschaftsmuseum durchstreift man in »Nature Works« Amerikas Zypressensümpfe, Korallenriffe, Sandstrände und andere Ökosysteme. In »Tech Works: Science on Sphere« erleben Sie die Erde und ihre Wettermuster aus der Sicht der Astronauten. »Dino Digs« demonstriert die faszinierende Welt der Dinosaurier, während »Kids Town« den unter Siebenjährigen das Tor zu den Naturwissenschaften öffnet. Wissenschaft bühnengerecht aufbereitet präsentiert die »Xperience Factory«. Nicht verpassen: die atemberaubenden Riesenleinwandfilme, Laser-Light- und Sternenshows im CineDome.
777 E. Princeton St.; www.osc.org; Do–Di 10–17 Uhr; Eintritt 17 $, Kinder 12 $

Orlandos SeaWorld beeindruckt durch mitreißende Stunts und faszinierende Einblicke in die Tierwelt. Eines der Highlights ist die Show mit dem Orca Shamu.

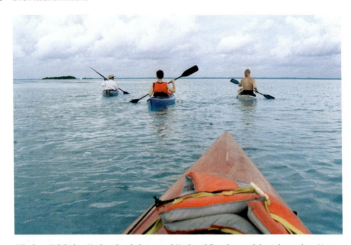

Mit dem Kajak den Nationalpark Canaveral National Seashore erleben: intensives Natur-erlebnis und Stille, einzig durchbrochen vom Gezwitscher der über 300 Vogelarten.

ESSEN UND TRINKEN

Manuel's on the 28th ····⟩ S. 37, c 1
Innovative Küche bester Güte. Groß-artige Aussicht aus dem 28. Stock.
390 N. Orange Ave., Suite 2800; Tel. 407/
246-6580; www.manuelsonthe28th.com;
Di–Sa nur Dinner ●●●

The Oceanaire Room ····⟩ S. 37, a/b 3
Elegantes Fischrestaurant. Dinner im Ambiente eines Kreuzfahrtschiffes aus den 1930er-Jahren. Im Pointe*Orlando.
9101 International Dr., Suite 1002; Tel.
407/363-4801; www.theoceanaire.com;
kein Lunch ●●●

Le Coq au Vin ····⟩ S. 37, c 2
Hervorragende französische Küche in freundlichem und legerem Ambiente.
4800 S. Orange Ave.; Tel. 407/851-6980;
www.lecoqauvinrestaurant.com;
Mo geschl. ●●

Livingston Street Café 👶🍴
····⟩ S. 37, c 1
Amerikanisches Frühstück und Lunch in familienfreundlicher Atmosphäre.
Downtown Marriott Hotel, 400 W. Living-ston St.; Tel. 407/843-6664, 800/228-9290; www.marriot.com ●●

EINKAUFEN

Belz Factory Outlet World
····⟩ S. 37, b 2
Über 180 Geschäfte in zwei Shop-pingmalls. Gegenüber befinden sich weitere 45 Outlets im »Belz Designer Outlet Centre«.
5401 Oak Ridge Rd.; www.egeeshop.com
Mo–Sa 10–21, So 10–18 Uhr

International Drive ····⟩ S. 37, b 3
Zahllose Hotels, Geschäfte und Res-taurants säumen den 11 km langen International Drive. Fahren Sie am besten mit dem »I-Ride Trolley Bus« (tgl. 7–24 Uhr, 1 $, Tagespass 3 $) auf Orlandos Geschäftsader vom Belz Factory Outlet Center bis Sea-World, insgesamt 54 Haltestellen. Zu den interessantesten Einkaufs-zentren gehören **Pointe*Orlando** und die **Festival Bay Mall** mit ihren zahlreichen Geschäften, Kinos und Restaurants. Infos unter www.internationaldriveorlando.com.

Pointe*Orlando ····⟩ S. 37, b 3
In das moderne Einkaufs- und Vergnü-gungszentrum locken 21 Kinos, darun-ter ein IMAX-3D-Kino, F. A. O. Schwarz,

die beliebteste amerikanische Spielwarenkette, sowie 70 weitere Geschäfte, Restaurants und Nachtclubs.

9101 International Dr.; www.pointeorlando.com; Mo–Sa 10–22 So 11–21 Uhr, an Wochenenden bis 23 Uhr

AM ABEND

Capone's Dinner & Show

⤳ S. 37, b 4

Der Gangsterboss Al Capone, der Chicago in den Dreißigerjahren unsicher machte, steht im Mittelpunkt der musikalischen Broadway-Komödie. Unterhaltung für Familien mit älteren Kindern. Für das leibliche Wohl sorgt ein All-you-can-eat-Buffet.

4740 W. Irlo Bronson Memorial Hwy; Tel. 407/397-2378, 800/220-8428; www.alcapones.com; tgl. 20 Uhr; Eintritt 50 $, Kinder 30 $

Medieval Times Dinner Tournament ⛻

⤳ S. 37, b 4

Bei einem Turnier kämpfen gut gerüstete Ritter gegeneinander. Währenddessen genießen Sie als Zuschauer rustikales Essen im Ritterstil – ohne Besteck wohlgemerkt.

4510 W. Irlo Bronson Memorial Hwy, Kissimmee; Tel. 888/935-6878; www.medievaltimes.com; Dinnershows tgl. 18 und 20 Uhr; Eintritt 59 $, Kinder 38 $

SERVICE

Auskunft
Orlando Official Visitor Information Center

⤳ S. 37, b 3

8723 International Dr., Suite 101; Tel. 407/363-5872, 800/215-2213, Dt. Orlando-Hotline: 08 00/1 00 73 25; www.orlandoinfo.com

Info Disney-Tickets
www.disneyworld.com

Info Universal Themenparks
www.universalorlando.com

Info Tickets allgemein
Online kaufen oder beim Orlando Official Visitor Center nach Mehrta-

---

MERIAN-Tipp

⛻ 5 Manatis im Blue Spring State Park ⛻

Nirgendwo in der Wildnis Floridas können Sie die Manatis besser beobachten als in der klaren Blue Spring. Zwischen November und März verlassen die bedrohten Rundschwanzseekühe den kälteren St. Johns River und verbringen den Winter in der Nähe der konstant 22 °C warmen Quellgewässer. Über einen Holzsteg durch den üppigen Wald gelangen Sie zur Quelle.

US Hwy 17/92 bei Orange City nördlich von Orlando; www.floridastateparks.org/bluespring; tgl. 8 Uhr–Dämmerung; Eintritt 5 $/Wagen   ⤳ S. 115, D 13

---

gespässen (Park Hopper Passes) und verbilligten Tickets erkundigen! Tel. 877/406-4836; www.officialticketcenter.com

Amtrak-Bahnhof

⤳ S. 37, c 2

1400 Sligh Blvd.; Tel. 407/843-7611

Greyhound Bus Terminal

⤳ S. 37, b 1

555 N. John Young Parkway; Tel. 407/292-3422

Ziele in der Umgebung

Canaveral National Seashore

⤳ S. 115, E 3

Von New Smyrna Beach führt die SR A1A als 17 km lange Stichstraße zu Apollo Beach und anderen schönen Stränden an der Nordseite des Naturschutzgebiets. Ursprüngliche Sümpfe, Dünen und Strände erstrecken sich auf über 40 km auf den schmalen Nehrungsinseln längs des Atlantiks ⛻.

Zu den schönsten Stränden zählt **Playalinda Beach** am Südende der Na-

So nah kommt man dem Kindheitstraum, ein Astronaut zu sein, selten – Besichtigung des Spaceshuttle im Kennedy Space Center, dem Weltraumbahnhof der USA.

tional Seashore. Die Zufahrt erfolgt über Titusville. Holzstege schützen die empfindliche Vegetation der grasbewachsenen Dünen. Vom letzten Parkplatz aus erreichen Sie im Norden von Playalinda Beach einen abgelegenen (inoffiziellen) FKK-Strand.
www.nps.gov/cana; tgl. 6 Uhr–Dämmerung; Eintritt 3 $ pro Person

Cocoa Beach ···❯ S. 115, E 14

12 200 Einwohner

Das Surfer-Eldorado Floridas – an den langen, weißen Sandstränden branden die besten Wellen an die Küste. Zentrum des Surfsports ist der rund um die Uhr geöffnete riesige **Ron Jon Surf Shop** (4151 N. Atlantic Ave.).
90 km östlich von Orlando

HOTELS/ANDERE UNTERKÜNFTE
Cocoa Beach Oceanside Inn
Modernes Strandhotel, mit Balkonen und Meerblick. Nur eine Viertelstunde vom Kennedy Space Center entfernt.
1 Hendry Ave.; Tel. 321/784-3126, 800/874-7958;

www.cocoabeachoceansideinn.com; 76 Zimmer ●●●

ESSEN UND TRINKEN
Bernard's Surf
Seit fünf Jahrzehnten serviert man hier eine große Auswahl an guten Fischgerichten.
2 S. Atlantic Ave.; Tel. 321/783-2401 ●●●

Kennedy Space Center
···❯ S. 115, E 13

Mit dem Astronauten Alan Shepard begann im Jahr 1961 in den USA das bemannte Weltraumzeitalter. Zwar musste die Nation mit ansehen, wie dem Russen Juri Gagarin als erstem Menschen eine Erdumrundung im Weltraum gelang, aber das anschließende Wettrennen zum Mond beendete Amerika als Sieger. Vom Kennedy Space Center beförderte »Apollo 11« Neil Armstrong 1969 als ersten Menschen auf den Mond. Mittlerweile sind von dort aus über 100 Spaceshuttles gestartet.

Die **Astronaut Hall of Fame** in Titusville an der Zufahrt (NASA Parkway) zum Kennedy Space Center zollt der US-Raumfahrtgeschichte Tribut. Unter den Ausstellungsstücken befinden sich Mercury- und Apollo-Kapseln sowie eine Nachbildung des Spaceshuttle. Astronautenfeeling vermittelt ein Flugsimulator, der sich um die eigene Achse dreht, in Schwerkraftsimulatoren wird man dem Vierfachen der Erdanziehungskraft ausgesetzt (tgl. 9–19 Uhr; Eintritt 17 $, Kinder 13 $).

Die Zufahrt zum Kennedy Space Center endet am **Visitor Center**; von dort führen Sie Pendelbusse mit drei Stopps in das Herz des amerikanischen Raumfahrtzentrums. Am **Apollo/Saturn V Center** steht die originale, 111 m lange, 2812 t schwere Saturn-V-Rakete aus dem Apollo-Programm. Im gleichen Komplex erleben Sie »live« den Apollo-8-Countdown und die Landung der Mondfähre von Apollo 11.

Beim zweiten Stopp überblicken Sie von einer Aussichtsplattform mit Museum die beiden Rampen des **Launch Complex 39**, von dem die Spaceshuttles starten.

Zurück am Visitor Center präsentieren zwei **IMAX-Kinos** Riesenleinwandfilme mit einzigartigen Originalbildern aus dem All. Davor recken sich fotogen altgediente Raketen in den blauen Himmel Floridas. Einige Schritte weiter finden Sie das **Astronaut Memorial**, das das Andenken an die bei Weltraummissionen ums Leben gekommenen Astronauten erhalten soll. www.kennedyspacecenter.com; tgl. 9–18 Uhr; Kombiticket Bustour, IMAX und Astronaut Hall of Fame 38 $, Kinder 28 $ 90 km östl. von Orlando

HOTELS/ANDERE UNTERKÜNFTE
Clarion Kennedy Space Center Hotel
Gutes Mittelklassehotel, kurz vor der Zufahrt zum Space Center gelegen. 4951 S. Washington Ave., Titusville; Tel. 321/269-2121, 800/CLARION; www.clarionspacecenter.com; 118 Zimmer ●●

ESSEN UND TRINKEN
Dixie Crossroads
Fisch und Meeresfrüchte sowie Steaks stehen auf der Speisekarte. Spezialität des Hauses: Rock Shrimps. Sie kommen in großen Portionen und immer frisch auf den Teller. 1475 Garden St., Titusville; Tel. 321/268-5000 ●●

SERVICE
Auskunft
Kennedy Space Center
Tel. 321/449-4444; www.kennedyspacecenter.com

St. Augustine ⤳ S. 113, E 11
12 000 Einwohner
Stadtplan → S. 45

Hübsch restaurierte weiße Häuser verbreiten spanisch-koloniales Flair. Bereits 1565 begründete Pedro Menéndez de Avilés mit St. Augustine die heute älteste durchgehend besiedelte Stadt nördlich von Mexiko. Als England nach Süden vorstieß, antworteten die Spanier mit dem Bau des Castillo de San Marcos. Henry Flagler war es, der im späten 19. Jh. den Tourismus ankurbelte, indem er entlang seiner Eisenbahnlinie luxuriöse Hotels errichtete und die Stadt als Winterkurort propagierte.

Heute erfreuen sich Besucher auch an den schönen, rund 6 km langen Sandstränden der **Anastasia State Recreation Area** südlich der Stadt und besichtigen den markanten Leuchtturm und die Alligatorfarm (→ Sehenswertes, S. 44).

HOTELS/ANDERE UNTERKÜNFTE
Casablanca Inn B & B On The Bay
⤳ S. 45, b 2
Die attraktive Frühstückspension mit ausladender Veranda und einem Nebenhaus liegt mitten in der Altstadt. 24 Avenida Menendez; Tel. 904/829-0928, 800/826-2626; www.casablancainn.com; 20 Zimmer ●●●●

Jeden Freitag werden auf dem Castillo de San Marcos National Monument historische Waffen aus dem 18. Jh. demonstriert.

SPAZIERGANG 👫

Am Nordende der Fußgängerzone St. George Street markiert das **Old City Gate** den Eingang zur Altstadt (Infos unter www.oldcity.com). In der Nachbarschaft weckt das **Oldest Wooden Schoolhouse**, ein kleines Blockhaus (14 St. George St.; www. oldestwoodenschoolhouse.com; tgl. 9–17 Uhr; 3 $), Assoziationen an den Schulalltag im 18. und 19. Jh. Schräg gegenüber erweckt das **Spanish Quarter** (29 St. George St.; www.historic saintaugustine.com; So–Do 9–17.30, Fr, Sa 9–21 Uhr; 8 $) das spanische Kolonialleben des 18. Jh. in St. Augustine zu neuem Leben. Acht Gebäude bilden die Kulisse des Freilichtmuseums, in dem originalgetreu gekleidete Einwohner Handwerkskunst und den Lebensstil der Kolonisatoren vorführen.

Das Ende der Fußgängerzone markiert die **Cathedral of St. Augustine**, die nach einem Brand 1887 größtenteils neu errichtet wurde. Das Gotteshaus aus dem Jahr 1594 zählt zu den ältesten der Vereinigten Staaten. Das **Government House**, eines der ältesten Gebäude von St. Augustine, an der Plaza de la Constitution (48 King St.; tgl. 10–16 Uhr; 2,50 $) zeigt eine Ausstellung zur Stadtgeschichte. An der nächsten Querstraße befindet sich das **Flagler College**, das 1887 erbaute ehemalige Luxushotel »Ponce de León« des Eisenbahnmagnaten Henry M. Flagler. Auf der anderen Straßenseite sehen Sie im **Lightner Museum** (www.lightnermuseum.org) reichhaltige Sammlungen von Kristall, Tiffany-Glas, amerikanischer, europäischer sowie orientalischer Kunst etc. Das prächtige Gebäude im Spanish Renaissance Revival Style wurde 1888 von Flagler als »Alcazar Hotel« errichtet (75 King St., tgl. 9–17 Uhr, 10 $).

SEHENSWERTES

Castillo de San Marcos National Monument ┈┈▸ S. 45, b 1

Spanier erbauten das älteste gemauerte Fort der USA zwischen 1672 und 1695. 3 m dicke und 10 m hohe Mauern, rund 70 Kanonen sowie ein Wassergraben schreckten die englischen Feinde erfolgreich ab. Von dem historischen Gemäuer hat man eine gute Aussicht auf die Altstadt.
1 Castillo Dr.; www.nps.gov/casa; tgl. 8.45–16.45 Uhr; Eintritt 6 $, Kinder frei

St. Augustine Alligator Farm Zoological Park 👫 ┈┈▸ S. 45, c 3

Im Alligatorpark 3 km südlich der Bridge of Lions leben neben Alligatoren Exemplare sämtlicher Krokodilgattungen. Sumpfstege überqueren grüne Teiche mit Hunderten Alligatoren.
999 Anastasia Blvd. (SR A1A), Anastasia Island; www.alligatorfarm.us; tgl. 9–17 Uhr; Eintritt 22 $, Kinder 11 $

St. Augustine Lighthouse and Museum ┈┈▸ S. 45, c 3

Der mit 51 m zweithöchste Leuchtturm Floridas steht auf Anastasia Island. 219 Stufen führen hinauf, nebenan befindet sich das Leuchtturm-Museum.

81 Lighthouse Ave.; www.
staugustinelighthouse.com; tgl. 9–18 Uhr,
im Sommer länger; Eintritt 9 $, Kinder 7 $

Oldest House   ⸺⸽ S. 45, b 3
Das Gonzalez-Alvarez' House, das älteste Haus der Stadt, wurde vermutlich nach 1702 errichtet. Die Wände
bestehen aus »coquina«, einem Mu-
schelsandstein. Im benachbarten
Haus zeigt ein militärisches Museum
Ausstellungen zu »Florida's Army«.
14 St. Francis St.; tgl. 9–17 Uhr; Eintritt 8 $

ESSEN UND TRINKEN
Raintree Restaurant
   ⸺⸽ S. 45, nördl. 1 b
Romantisches Restaurant im viktoria-
nischen Gebäude mit Südstaatenflair.
Exzellente Wein- und Dessertkarte.
102 San Marco Ave.; Tel. 904/824-7211;
www.raintreerestaurant.com ●●●

Gypsy Cab Company   ⸺⸽ S. 45, c 2
Bistro mit sehr guter amerikanischer
und auch internationaler Küche zu
wirklich günstigen Preisen. Lunch
und Dinner.
828 Anastasia Blvd.; Tel. 904/824-8244;
www.gypsycab.com ●●

EINKAUFEN
St. Augustine Premium Outlets
   ⸺⸽ S. 45, nordwestl. a 1
Direktverkauf mit 95 Geschäften.
2700 SR 16 (I-95, Ausfahrt 318);
www.premiumoutlets.com; Mo–Sa 9–21,
So 10–18 Uhr

AM ABEND
The Oasis Restaurant   ⸺⸽ S. 45, a 2
Gutes Lunch- und Dinnerrestaurant
mit allabendlichem Entertainment.
In St. Augustine Beach.
4000 SR A1A; Tel. 904/471-3424;
www.worldfamousoasis.com ●

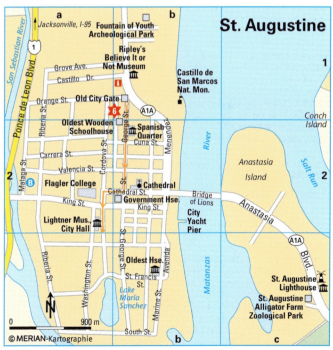
© MERIAN-Kartographie

SERVICE

Auskunft

St. Augustine, Ponte Vedra & The Beaches Visitors & Convention Bureau

⤏ S. 45, b 1

88 Riberia St., St. Augustine, FL 32084; Tel. 904/825-1000, 800/653-2489; www.getaway4florida.com

Greyhound Bus Terminal

⤏ S. 45, a 2

1711 Dobbs Rd.; Tel. 904/829-6401; www.greyhound.com

Palm Beach   ⤏ S. 115, F 16

9700 Einwohner

Unter Floridas blauem Himmel vermischen sich Stadt- und Strandleben mit tropisch-buntem Urlaubsflair. Nirgendwo sonst besitzen Sie bessere Chancen, mehr Rolls-Royce und andere Nobelmarken auf einem Fleck zu sichten als bei einer Spazierfahrt durch die schönen Straßen von Palm Beach. Allein die beiderseits palmengesäumten Zufahrten zur lang gestreckten Insel über die Royal Palm Bridge zum Royal Palm Way beziehungsweise über die Flagler Memorial Bridge zum Poinciana Way werden sicherlich allen Erwartungen gerecht. Auch die edle **Worth Avenue** mit ihren tollen (und teuren) Boutiquen entspricht absolut den Vorstellungen, die man sich von einer Millionärsstadt macht.

Im Jahr 1894 hatte der Eisenbahnmagnat Henry Morrison Flagler die **Florida East Coast Railroad** bis West Palm Beach geführt und als erstes lokales Touristenziel das noble **Poinciana Hotel** auf der Insel Palm Beach errichtet. Das größte aus Holz erbaute Hotel der Welt war seinerzeit eines der mondänsten Winterurlaubsziele der gesamten Vereinigten Staaten. Flaglers zweites Hotel, das im Jahr 1896 errichtete **Palm Beach Inn**, ist zweimal durch Feuer zerstört und jedesmal noch größer als zuvor wieder aufgebaut worden. Heute verbirgt sich hinter seiner Fassade unter dem Namen **The Breakers** (→ MERIAN-Tipp, S. 13) eine der traditionsreichsten Hoteladressen in Florida. Am besten, Sie nehmen sich ein bisschen Zeit und legen beispielsweise zum täglichen »Afternoon Tea« um 15 Uhr eine Pause in dem Hotel ein.

HOTELS / ANDERE UNTERKÜNFTE

The Jupiter Beach Resort

Elegantes Resort am Strand von Jupiter Beach. Großer Spa-Bereich; drei Restaurants.

5 N. SR A1A, Jupiter; Tel. 561/746-2511, 800/228-8810; www.jupiterbeachresort. com; 159 Zimmer ●●●●

Tropical Gardens Bed & Breakfast

Kleines, aber feines Bed & Breakfast, das in West Palm Beach zu finden ist. Subtropisches Ambiente im Key-West-Stil. Drei schöne Zimmer und ein Cottage am Pool garantieren Erholung.

419 32nd St./Palm Beach Lakes Blvd.; Tel. 561/841-7210, 866/386-6607; www.tropicalgardensbandb.com; 4 Zimmer ●●●

SEHENSWERTES

Jupiter Inlet Lighthouse 👨‍👧

Der 1860 erbaute Leuchtturm ist das älteste Bauwerk in der Region Palm Beach. Der 32 m hohe Turm (Di–So 10–17 Uhr; Eintritt 7 $) leuchtet mit seinen Originallinsen von 1854 bis zu 25 km weit. 3 km nördlich über die SR 707 lockt auf **Jupiter Island** die **Blowing Rocks Preserve** mit attraktivem Badestrand und den »Blowing Rocks«, wo es bei Flut 10 m hohe Wellen gibt.

www.jupiterlighthouse.org

Palm Beach Zoo

Den Tierpark im Dreher Park bewohnen u. a. Riesenschildkröten, seltene Florida Panther, Bengalische Tiger

Von der Decke des keilförmigen Harris-Family-Pavillons im Norton Museum of Art funkelt ein aus 693 Skulpturen bestehendes Werk des Glaskünstlers Dale Chihuly.

und Rote Kängurus. Kleine Besucher erwartet ein Streichelzoo.
1301 Summit Blvd., West Palm Beach; www.palmbeachzoo.org; tgl. 9–17 Uhr; Eintritt 13 $, Kinder 9 $

Singer Island 👥👥
Die Strände der Insel gehören zu den schönsten dieses Küstenstrichs. Nach Plänen des Nähmaschinenfabrikanten Paris Singer war hier im Jahr 1925 ein nobles Feriendorf errichtet worden. Der prachtvolle John D. MacArthur Beach State Park (www. floridastateparks.org/macarthurbeach; Eintritt 4 $/Wagen) mit Laubholzwäldern, Mangrovendickichten und schönen Badeständen ist durch Wanderwege gut erschlossen.
Tgl. ab 8 Uhr

Henry Morrison Flagler Museum
Aus dem Jahre 1901 stammt das Whitehall Mansion, Flaglers original eingerichtete, elegante Prachtvilla mit Marmorfußböden und -säulen. Im Garten ist Flaglers luxuriöser privater Eisenbahnwagon zu besichtigen.
1 Whitehall Way; www.flaglermuseum.us; Di–Sa 10–17, So 12–17 Uhr; Eintritt 15 $

Norton Museum of Art
Das größte Kunstmuseum in Florida wartet mit einer erlesenen Sammlung französischer impressionistischer und postimpressionistischer Gemälde, einer Kollektion amerikanischer Gemälde des 20. Jh. sowie chinesischen Bronze- und Jadeskulpturen ab dem 2. Jahrtausend v. Chr. auf.
1451 S. Olive Ave., West Palm Beach; www.norton.org; Di–Sa 10–17, So 13–17 Uhr; Eintritt 8 $

The Restaurant
Eines der besten Restaurants Floridas. Im Four Seasons Hotel. Elegantes Ambiente mit Pianomusik.
2800 Ocean Beach Blvd.; Tel. 561/533-3750; www.fourseasons.com; Mi–So nur Dinner ●●●●

John Bull English Pub
Heimeliger englischer Pub, seit 1893. Bis Mitternacht können Sie hier speisen und trinken.

Das prächtige Whitehall Mansion in Palm Beach war einst der Wohnsitz von Henry Flagler. Er öffnete durch den Eisenbahnbau dem Tourismus in Florida Tür und Tor.

801 Village Blvd., West Palm Beach; Tel. 561/697-2855; www.johnbullenglishpub. com ●●

Old Key Lime House
Malerisch am Wasser gelegenes Fisch- und Grillrestaurant in Lantana. Mit Bar. 300 E. Ocean Ave., Tel. 561/582-1889; www.oldkeylimehouse.com ●●

AM ABEND
E. R. Bradley's Saloon
Eine Institution in West Palm Beach. Gute Menüs von Hummer bis Steaks. 104 Clematis St.; Tel. 561/833-3520; www.erbradleys.com; 11–3 Uhr

Clematis Street
Hier spielt sich das Nachtleben ab. Donnerstags ist »Clematis by Night«: Von 17.30–21 Uhr wird die Straße für den Autoverkehr gesperrt.

EINKAUFEN
Gardens of the Palm Beaches
Schicke »Megamall« mit 160 Geschäften und Restaurants.

3101 PGA Blvd., Palm Beach Gardens; www.thegardensmall.com; Mo–Sa 10–21, So 12–18 Uhr

Worth Avenue
Elegante Boutiquen sowie exklusive Spezialitätengeschäfte – die stilvolle Worth Avenue ist eine der prachtvollsten Einkaufsstraßen ganz Floridas. www.worth-avenue.com

SERVICE
Auskunft
Palm Beach County Convention & Visitors Bureau
1555 Palm Beach Lakes Blvd., West Palm Beach, Fl 33401; Tel. 561/233-3000, 800/833-5733; www.palmbeachfl.com

Amtrak-Bahnhof
201 S. Tamarind Ave., West Palm Beach; Tel. 561/672-5995; www.amtrak.com

Greyhound Bus Terminal
205 S. Tamarind Ave., West Palm Beach; Tel. 561/833-8534; www.greyhound.com

Taxi
Yellow Cab; Tel. 561/689-2222;
www.yellowcabflorida.com

Rundfahrten
Palm Beach Princess
Fünfstündige Kasinokreuzfahrten vor der Küste von Palm Beach. Spielautomaten, Black Jack, Roulette, Poker etc. bieten Kasinoatmosphäre. Livemusik, Musicals und Theaterstücke sorgen für Unterhaltung, weiterhin können Sie Swimmingpool und Sonnendeck nutzen. Lunch oder Dinnerbüfetts sowie ein Champagner-Brunch am Wochenende sorgen für das leibliche Wohl.
Tgl. zwei Fahrten: 10.30–16 bzw. 18.30–23.30 Uhr; 30–40 $; Karten/Infos Tel. 561/845-SHIP, 800/841-SHIP

Ziele in der Umgebung

Arthur R. Marshall Loxahatchee National Wildlife Refuge 👫
⋯⋯> S. 117, E 17

Das Naturschutzgebiet am Rande der Everglades besitzt zwei Zufahrten. Gleich an der Parkinfo beginnt der **Cypress Swamp Boardwalk** (Zufahrt ab US Hwy 441 südlich der Einmündung der SR 804, Eintritt 5 $/Wagen), der Sumpfsteg durchquert einen dichten Zypressenwald.

Airboat-Touren an der äußersten Südostspitze des Parks beginnen an 15490 Loxahatchee Rd. (Loxahatchee Everglades Tours; www.evergladesairboattours.com). Zufahrt ab US Hwy 441 auf SR 827.

Das Areal liegt hinter den letzten Siedlungsgrenzen des Großraums Palm Beach.
Tel. 800/683-5873; www.fws.gov/loxahatchee; tgl. 9–17 Uhr; Fahrpreis 16–44 $, Kinder 8–16 $
38 km westl. von Palm Beach

Jonathan Dickinson State Park 👫
⋯⋯> S. 115, F 16

Der Naturpark erstreckt sich am weitgehend unberührten Loxahatchee River. Außer der zweistündigen **Boots-tour** mit der »Loxahatchee Queen« (www.floridaparktours.com; mehrmals tgl.; 19 $, Kinder 11,50 $) kann man wandern, angeln und Kanufahren. Die schönste Kanutour beginnt knapp außerhalb des Parks. Dort windet sich der schmale Loxahatchee River durch einen dichten Zypressenwald, ehe Mangroven den breiteren Unterlauf bis zur Anlegestelle der »Loxahatchee Queen« säumen. Einen Kanuverleiher finden Sie auch innerhalb des Parks (Canoe Outfitters of Florida; Tel. 888/272-1257; www.canoeskayaksflorida.com; ab 25 $ pro Boot für 4 Std.).
US Hwy 1; www.floridastateparks.org/jonathandickinson; tgl. 8 Uhr bis Dämmerung; Eintritt 4 $/Wagen
29 km nördl. von Palm Beach

Lion Country Safari 👫
⋯⋯> S. 115, F 16

Autorundkurs durch ein Freigehege mit Löwen, Giraffen, etc. Unmittelbar benachbart ist ein Vergnügungspark.
US Hwy 98/441; www.lioncountrysafari.com; tgl. 9.30–17.30 Uhr; Eintritt 24 $, Kinder 18 $
25 km westl. von Palm Beach

Mizner Park ⋯⋯> S. 117, E 17

Von dem berühmten Architekten Addison Mizner entworfenes Einkaufsviertel in Boca Raton. Mittelpunkt ist ein Straßenzug mit Geschäften und Restaurants unter schattigen Arkaden.
433 Plaza Real/US Hwy 1, Boca Raton; www.miznerpark.com; Mo–Sa 10–21, So 12–18 Uhr
46 km südl. von Palm Beach

Miami

Die unbestrittene Metropole Floridas präsentiert sich als amerikanischer Exot unter heißer Sonne.

Die pastellfarbenen Häuser am berühmten, palmenbestandenen Ocean Drive von Miami Beach werden abends in bunte Lichter getaucht.

Miami   ⤳ S. 117, E 18

404 000 Einwohner
Stadtpläne → S. 53 und
Umschlagkarte hinten

Miami entstand aus dem 1836 erbauten Fort Dallas: Aber vor dem Anschluss an das Eisenbahnnetz wagten sich nur wenige Weiße in die kleine Agrarsiedlung in der Wildnis Südfloridas. Eisenbahnmagnat Henry Flagler legte im ausgehenden 19. Jh. die Schienenstränge, über die die ersten Touristen kamen und Miami bereits in den Zwanzigerjahren zu einem blühenden Zentrum machten. Neue Impulse gaben Ende der Fünfzigerjahre nach Castros Machtübernahme in Kuba zigtausende von kubanischen Einwanderern. In den Achtzigerjahren wurde Downtown zu einer Wolkenkratzerlandschaft der Postmoderne.

SoBe« nennen die Einheimischen dieses Viertel, **South Beach**, weil es ganz am Südende von Miami Beach liegt. Der Badeort war bis in die Zwanzigerjahre ein moskitoverseuchtes Mangrovendickicht. Dann ließ man Sand aufschütten, die Küste avancierte zur Riviera Amerikas. Der palmenbestandene Lummus-Strandpark am legendären Ocean Drive und seine Fortsetzung erstrecken sich über 15 km nordwärts entlang des Küstenhighway A1A.

Miami Beachs berühmter **Art-déco-District** zwischen 5th und 23rd Street umfasst etwa 800 Gebäude aus den Zwanziger- und Dreißigerjahren – viele davon sind Hotels am Ocean Drive sowie an der Collins Avenue, sogar »Burger King« gibt sich hier ganz »Art déco«. Zu den kontrastreich an das Tropenklima und die maritime Atmosphäre angepassten Elementen des Art déco zählen Pastellfarben, Stromlinienformen, Schatten spendende »Augenbrauen« über den Fenstern und vielfarbige Neonleuchten.

Eine wichtige Komponente im bunten Völkerpuzzle von Miami stellen die Kubaner dar. Natürlich wird in vielen Städten im Süden der USA Spanisch gesprochen, und es prägen Einwanderer aus Mittelamerika das Straßenbild. Ein prägnanter Unterschied ist, dass in Miami nicht nur die einfachen Leute und unterbezahlten Gelegenheitsarbeiter Spanisch sprechen, sondern auch an der Spitze der Gesellschaft die Kubaner dominieren.

In **Little Havanas** Märkten, Restaurants und Cafés entlang der **Calle Ocho**, der 8th Street zwischen der 12th Avenue und 27th Avenue, manifestieren sich oft von der Öffentlichkeit unbemerkt Facetten kubanischer Kultur. Zum Teil erinnern auch gepflasterte Bürgersteige und altmodische Gaslaternen an das Havanna vor Castro. Hier in Miamis kubanischem Viertel werden noch heute traditionell handgedrehte Zigarren gefertigt, schenkt McDonald's echt kubanischen Kaffee aus, enthält die Reklame der Supermärkte erstaunlicherweise kaum ein Wort Englisch.

Als eines der ältesten Stadtviertel Miamis lockt **Coconut Grove** mit künstlerisch-tropischem Flair. Viktorianische Gaslaternen säumen die baumbestandenen Straßen, in denen gemütliche Straßencafés und Kneipen eine zwanglose Atmosphäre verbreiten und zum Verweilen einladen. Im Einkaufszentrum und Unterhaltungskomplex CocoWalk schlägt das Herz des Viertels.

Coral Gables' **Miracle Mile** mit ihren luxuriösen Boutiquen und Restaurants gilt als Top-Einkaufsadresse in Miami. Häuser im mediterranen Stil und parkähnliche Gärten prägen den erst in den Zwanzigerjahren von George Merrick gegründeten Stadtteil südwestlich von Downtown Miami. 1925 schuf er den Douglas Road Entrance an der Kreuzung Douglas Road (37th Ave.)/Coral Way (22nd St.), auch Puerta de Sol (= Sonnentor) genannt, ein Stadttor, das Besuchern die südländische Atmosphäre der Metropole vermitteln soll. Ebenfalls aus jener Zeit stammt der **Venetian Pool** (→ MERIAN-Tipp, S. 55). Mit Ingraham Highway und Old Cutler Road besitzt Coral Gables zwei prachtvolle Straßen durch idyllische Wohnviertel.

HOTELS/ANDERE UNTERKÜNFTE
Fontainebleau
⤳ **Umschlagkarte hinten, f 1**
Großes Luxushotel mit dem höchsten Hotelturm und spektakulärer Aussicht. Elf verschiedene Restaurants.
4441 Collins Ave., Miami Beach; Tel. 305/538-2000, 866/548-5670; www.fontainebleau.com; 1504 Zimmer ●●●●

Indian Creek Hotel
⤳ **Umschlagkarte hinten, f 1/2**
Renommiertes Art-déco-Hotel (1936) zwischen Indian Creek und Atlantik. Nettes Lokal »Creek 28«.
2727 Indian Creek Dr., Miami Beach; Tel. 305/531-2727, 800/491-2772; www.indiancreekhotel.com; 61 Zimmer ●●●

The Park Central
⤳ **Umschlagkarte hinten, f 3**
Wunderschönes Art-déco-Haus. Bar, Fitnesscenter und Pool.
640 Ocean Drive, Miami Beach; Tel. 305/538-1611, 800/727-5236; www.theparkcentral.com; 128 Zimmer ●●●

Holiday Inn Port of Miami-Downtown
⤳ **Umschlagkarte hinten, d 3**
Komfortables Hotel nahe Bayside Marketplace und Port of Miami.
340 Biscayne Blvd.; Tel. 305/371-4400, 800/695-8284; www.holiday-inn.com; 208 Zimmer ●●

The Clay Hotel & Hostelling International
⤳ **Umschlagkarte hinten, f 2/3**
Jugendherbergs- und Hotelzimmer im Herzen des Art-déco-Viertels. Mediterranes Ambiente.
1438 Washington Ave.; Tel. 305/534-2988, 800/379-2529; www.clayhotel.com; 320 Betten ●

SPAZIERGANG
Beginnen Sie Ihren Spaziergang durch das Art-déco-Viertel von Miami Beach am **Ocean Drive**, dessen tropisch-maritimer Charme tagsüber wie auch in den neonbeleuchteten Nachtstunden ein bunt gemischtes Publikum begeistert. Die meisten pastellfarbenen Hotels, Cafés und Open-Air-Bars stammen aus den Zwanziger- und Dreißigerjahren. Typische Charakteristika des Art déco lassen das »Avalon Hotel« (Nr. 700) und das »Penguin Hotel« (Nr. 1418) mit ihren Schatten spendenden »Augenbrauen« über den Fenstern erkennen. Ebenfalls markant: das symmetrische blaue »The Park Central« (Nr. 640), das »Waldorf Towers Hotel« (Nr. 860) mit seinen abgerundeten Gebäudeecken, das stromlinienförmige gelb-blaue »Breakwater Hotel« (Nr. 940) und das strahlend gelbe »Leslie« (Nr. 1244).

Direkt vor der Küstenstraße lockt der weiße Sandstrand im **Lummus Park**. Von hier aus hat man v. a. nachts einen spektakulären Blick auf die stilvoll restaurierte Häuserzeile.

Der Weiterweg führt Sie auf der 14th Street über die **Collins Avenue** (der Hauptverkehrsader von Miami Beach) hinweg zur Washington Avenue. Links liegt das eher nüchtern wirkende Post Office (Nr. 1300) aus dem Jahre 1939. Folgen Sie der Washington Avenue ein wenig weiter nordwärts. Zwischen 14th Street und 15th Street können Sie in dem aus den Zwanzigerjahren stammenden **Espanola Way** shoppen. Zwei Querstraßen weiter, an der durch Brunnen aufgelockerten Fußgängerzone **Lincoln Road Mall**, finden Sie Geschäfte, Trendrestaurants, Theater, Kunstgalerien und -studios. Die Blütezeit der Straße liegt zwar Jahrzehnte zurück, aber wie das gesamte Art-déco-Viertel erlebt auch die Lincoln Road eine Renaissance, besonders ihr westlicher Abschnitt. Dort blüht eine lebendige Kulturszene rund um die Lenox Avenue am 1934 erbauten **Colony Theater** (Nr. 1040). Für den Rückweg nehmen Sie am besten einen Electrowave-Pendelbus.

Fairchild Tropical Botanic Garden
⋯⋯> Umschlagkarte hinten, südwestl. a 6
Im Stundentakt fährt ein Ausflugsbähnchen durch den Regenwald, die Palmenhaine und vorbei an den versunkenen Gärten mit über 5000 verschiedenen Pflanzenarten.
10901 Old Cutler Rd.; Coral Gables; www.fairchildgarden.org; tgl. 9.30–16.30 Uhr; Eintritt 20 $

Matheson Hammock Park
⋯⋯> Umschlagkarte hinten, südwestl. a 6
Kleinod an der Küste mit schönem Pool. Blick vom palmenbesetzten Strand auf die Skyline.
9610 Old Cutler Rd.; Coral Gables; www.miamidade.gov/parks; tgl. 7 Uhr–Sonnenuntergang; 5 $/Wagen

Miami Metrozoo
⋯⋯> Umschlagkarte hinten, südwestl. a 5
Große Freigehege schaffen weitgehend natürliche Lebensbedingungen für 240 Tierarten. Seltene weiße Königstiger, Koalabären und asiatische Tropenvögel zählen zu den Attraktionen. Mehrmals täglich werden Tier-

Der romantische Venetian Pool (→ MERIAN-Tipp, S. 55) in Miamis Stadtteil Coral Gables entstand aus einem alten Steinbruch.

schauen und Vorstellungen veranstaltet. Kinder mögen den Streichelzoo.
12400 S.W. 152nd St.; www.miamimetrozoo.com; tgl. 9.30–17.30 Uhr; Eintritt 16 $, Kinder 12 $

Miami Seaquarium 👫

····⟫ Umschlagkarte hinten, d 5

Delfin-, Seelöwen- und Killerwalshows gehören zu den Highlights des Marinezoos, in dem einst Szenen der berühmten Serie »Flipper« gedreht wurden. Aquarien präsentieren Unterwasserszenen aus Atlantik und Karibik.
4400 Rickenbacker Causeway; www.miamiseaquarium.com; tgl. 9.30–18 Uhr; Eintritt 36 $, Kinder 27 $

Monkey Jungle
→ Familientipps, S. 27

Parrot Jungle
→ Familientipps, S. 27

Port of Miami

····⟫ Umschlagkarte hinten, d 3

Der Hafen von Miami ist mit jährlich mehreren Millionen abgefertigten Passagieren der größte Kreuzfahrt-hafen der Welt. Einen guten Blick auf die riesigen Kreuzfahrtschiffe, mit dem fotogenen Panorama der Skyline von Miami im Hintergrund, erleben Sie vom MacArthur Causeway aus.

Vizcaya Museum and Gardens

····⟫ Umschlagkarte hinten, b 5

Das im italienischen Renaissancestil errichtete Schlösschen im nördlichen Coconut Grove wurde von dem Industriellen James Deering 1916 als Wintersitz erbaut. Heute beherbergen die 34 Säle des Vizcaya das **Dade County Art Museum** mit einer renommierten Sammlung schöner Künste aus dem 15. bis 19. Jh. Schöne Gärten umgeben den kleinen Palast.
3251 S. Miami Ave.; www.vizcayamuseum.org; tgl. 9.30–16.30 Uhr; Eintritt 15 $

MUSEEN
Historical Museum of Southern Florida ····⟫ Umschlagkarte hinten, c 3

Das Museum im architektonisch interessanten Metro-Dade Cultural Center vermittelt durch Dioramen, Ton- und Dia-Beiträge einen Einblick in die Vergangenheit Südfloridas.

101 W. Flagler St.; www.hmsf.org; Mo–
Sa 10–17, jeder 3. Do bis 21, So 12–
17 Uhr; Eintritt 8 $

Lowe Art Museum
⤳ **Umschlagkarte hinten,**
südwestl. a 5
Sammlung europäischer Gemälde sowie Kunst der Navajo- und Pueblo-In-
dianer. Auf dem Gelände der Universität in Coral Gables.
1301 Stanford Dr.; www.lowemuseum.
org; Di, Mi, Fr, Sa 10–17, Do 12–19,
So 12–17 Uhr; Eintritt 10 $

Museum of Science 👫
⤳ **Umschlagkarte hinten, b 5**
In dem naturwissenschaftlichen Museum machen die 150 Experimente aus
Wissenschaft und Raumfahrt Erwach-
senen und Kindern gleichermaßen
großen Spaß. Das Planetarium zeigt
Sternen- und Lasershows.
3280 S. Miami Ave.; www.miamisci.org;
tgl. 10–18 Uhr; Eintritt 20 $, Kinder 13 $

A Fish Called Avalon
⤳ **Umschlagkarte hinten, i 4**
Sehen und gesehen werden heißt die
Devise auf der Restaurantterrasse
des Art-déco-Hotels »Avalon«. Köstli-
cher Fisch und tropische Cocktails.
700 Ocean Dr.; Tel. 305/532-1727;
www.afishcalledavalon.com ●●●

Hosteria Romana
⤳ **Umschlagkarte hinten, i 2**
Eines der wohl italienischsten Restaurants von Miami Beach. Speziali-
siert auf die römische Küche.
429 Espanola Way; Tel. 305/532-4299;
www.hosteriaromana.com ●●●

Joe's Stone Crab
⤳ **Umschlagkarte hinten, f 3**
Eine Institution in Miami. Von Mitte
Oktober bis Mitte Mai gibt es hier die
Spezialität Steinkrebs.
11 Washington Ave.; Tel. 305/673-0365;
www.joesstonecrab.com; Di–Sa Lunch,
tgl. Dinner ●●●

MERIAN-Tipp

⑥ Baden im schönsten Pool Floridas 👫

Der 1924 an der Stelle eines alten
Steinbruchs konstruierte, palmenbestandene **Venetian Pool** in Coral
Gables beeindruckt durch seine me-
diterran inspirierte Architektur mit
farnbewachsenen Grotten, malerischen Felsabbrüchen, geschwunge-
nen Brücken und durch sein überaus
klares Wasser.

2701 De Soto Blvd.; www.venetianpool.
com; Ende Mai–Anf. Sept. Mo–Fr 11–
19.30, sonst Sa–So 10–16.30 Uhr;
Eintritt 10 $, Kinder 6,75 $, im Winter
6,75 $ bzw. 5,50 $

⤳ Umschlagkarte hinten, westl. a 4

News Café
⤳ S. 53, i 3
In bester Lage beobachtet man das
lebhafte Treiben von South Beach.
800 Ocean Dr.; Tel. 305/538-6397;
www.newscafe.com ●●

Versailles
⤳ **Umschlagkarte hinten, a 3/4**
Etabliertes kubanisches Restaurant
auf der Calle Ocho.
3555 SW 8th St.; Tel. 305/444-0240;
http://3guysfrommiami.com/versailles.
html ●●

Café Tu Tu Tango
⤳ **Umschlagkarte hinten, a 5/6**
Im CocoWalk Lunch und Dinner bis
frühmorgens.
3015 Grand Ave.; Tel. 305/529-2222;
www.cafetututango.com ●

Bayside Marketplace
⤳ **Umschlagkarte hinten, c/d 3**
Einkaufs- und Unterhaltungszentrum
direkt am Hafen.
401 Biscayne Blvd.; www.
baysidemarketplace.com; Mo–Do 10–22,
Fr–Sa 10–23, So 11–21 Uhr, Restaurants
und Bars länger

Miracle Mile in Coral Gables
····⇢ Umschlagkarte hinten, a 4

Die baumbestandene Miracle Mile mit ihren luxuriösen Boutiquen, den kleinen Juwelier- und Kunstgeschäften, Cafés und Restaurants erstreckt sich zwischen 37th und 42nd Ave.
www.shopcoralgables.com

AM ABEND
CocoWalk
····⇢ Umschlagkarte hinten, a 5/6

Für Abendspaziergänge und Shopping-Touren geht es nach Coconut Grove. Neben eleganten Boutiquen finden Sie dort Feinschmeckerrestaurants, Kneipen, Kinos und Nachtclubs.
3015 Grand Ave.; www.galleryatcocowalk.com; So–Di 11–22, Fr–Sa 11–24 Uhr, Restaurants und Bars bis 2 Uhr

Ocean Drive
····⇢ Umschlagkarte hinten, f 3

Bis spätabends herrscht auf den Bürgersteigen ein reges Treiben. Sehen und gesehen werden heißt die Devise.
www.mysobe.com

Washington Avenue
····⇢ Umschlagkarte hinten, f 3

Populäre Bars und Tanzpaläste an der Washington Avenue sind das **Dek23** (655 Washington Ave.; Tel. 305/674-1176) oder das **Mansion** (1235 Washington Ave.; Tel. 305/531-5535, www.mansionmiami.com).

SERVICE
Auskunft
Greater Miami CVB
····⇢ Umschlagkarte hinten, c 3/4

701 Brickell Ave., Suite 2700;
Tel. 305/539-3000, 800/933-8448;
www.miamiandbeaches.com

Flughafen
Miami International Airport
····⇢ Umschlagkarte hinten, nordwestl. a 2

Zufahrt am besten über die gebührenpflichtigen Autobahnen SR 112 (Airport Expressway) oder SR 836 (Dolphin Expressway).
Tel. 305/876-7000; www.miami-airport.com

Amtrak ····⇢ Umschlagkarte hinten, c 3
8303 N.W. 37th Ave.

Greyhound
····⇢ Umschlagkarte hinten, c 3

1012 NW 1st Ave., Downtown;
www.greyhound.com

Island Queen Cruises 👫
····⇢ Umschlagkarte hinten, d 3

90-minütige Rundfahrten ab Bayside Marketplace führen zu den riesigen Kreuzfahrtschiffen im Port of Miami.
Tel. 305/379-5119; www.islandqueencruises.com; tgl. 11–19.30 Uhr, stündl.; Fahrpreis 25 $, Kinder 17 $

Stadtbusse
Im Art-déco-Viertel halten »Electrowave«-Pendelbusse an 32 Haltestellen entlang der Washington Avenue.
www.commuterservices.com/mbtma; Mo–Sa 8–1, So 10–1 Uhr, alle 15 Min.; 25 Cent

Ziel in der Umgebung

Biscayne National Park 👫
····⇢ S. 117, E 19

Der Nationalpark besteht aus den Inseln der flachen Biscayne Bay, den nördlichen Keys und einer prachtvollen Unterwasserwelt, bestehend aus Fächer-Gehirn- oder Geweihkorallen.

An der Parkinformation am Convoy Point, SW 328th St., startet morgens um 10 Uhr ein dreistündiger Ausflug mit dem Glasbodenboot (25 $, Kinder 17 $), darüberhinaus legen hier die Schnorchelfahrten (tgl. 13.15–16.30 Uhr, 35 $) und Tauchexkursionen (Sa und So 8.30–13 Uhr, 54 $) auf einem Katamaran ab. Alle Reservierungen unter Tel. 350/230-1100.
www.nps.gov/bisc
57 km südl. von Miami

Fort Lauderdale

⤏ S. 117, E 18

186 000 Einwohner

Wassertaxis und Ausflugsboote bringen Besucher in den Genuss wunderschöner Sightseeing-Touren auf den Kanälen. 1838 hatte Major William Lauderdale im Krieg gegen die Seminolen an dieser Stelle ein Fort erbaut. Man lebte in dieser südfloridianischen Abgeschiedenheit vom Tauschhandel mit den Seminolen, die aus den Sümpfen gepaddelt kamen. Erst mit der Ankunft der Eisenbahn 1896 begann eine stürmische Aufwärtsentwicklung der Stadt.

Am weitläufigen Strand von Fort Lauderdale herrscht stets ein reger Betrieb von Badegästen, Joggern, Rollerbladern und Spaziergängern. Dem unverbauten Strand folgt der 5 km lange, geschwungene Seawalk. Hotels, Restaurants und Geschäfte reihen sich auf der Landseite der belebten Küstenstraße A1A aneinander.

Vom Strand führt der elegante, baumbestandene **Las Olas Boulevard** über die Kanäle hinweg ins Zentrum. Nostalgische Laternen verleihen der Straße einen gemütlichen Anstrich. Am **Stranahan House** beginnt der parallel zum Las Olas Boulevard verlaufende **Riverwalk**, wo Bänke und Pavillons entlang des New River zum Verweilen einladen. Der kurze Streifzug durch Fort Lauderdale endet am **Museum of Discovery and Science**.

HOTELS/ANDERE UNTERKÜNFTE

Best Western Oceanside Inn
Am Wasser gelegenes Hotel der Kette.
1180 Seabreeze Blvd.; Tel. 954/525-8115,
800/367-1007; www.bestwestern.com;
101 Zimmer ●●●

Hampton Inn – Cypress Creek
Motel mit nettem Pool und Fitnessbereich nördlich von Fort Lauderdale an der I-95.
720 E. Cypress Creek; Tel. 954/776-7677,
800/HAMPTON; www.hamptoninn.com;
122 Zimmer ●●

SEHENSWERTES

Billie Swamp Safari 👫
Unternehmen Sie in der **Big Cypress Seminole Indian Reservation** im geländetauglichen Buggy oder Airboat eine Everglades-Fahrt inklusive Alligator- und Schlangenshow. Auf der Zufahrt zum Park gibt das moderne **Ah-Tha-Thi-Ki Museum** (www.ahtahthiki. com; tgl. 9–17 Uhr, 9 $) einen Querschnitt der Geschichte und der Kultur der Seminolen.

Auf Fort Lauderdales Kanälen schippern bunte Ausflugsschiffe wie die »Jungle Queen«.

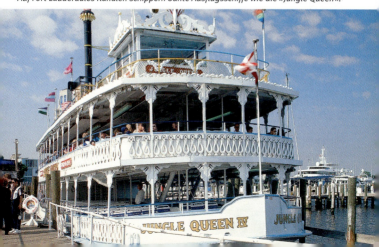

Hwy 833, 35 km nördlich der Ausfahrt 49 der I-75; Tel. 800/949-6101; www. seminoletribe.com/safari; tgl. ab 8 Uhr; Buggytour 25 $, Kinder 15 $, Alligatorshow 8 $, Kinder 4 $, Airboattour 15 $

Buehler Planetarium
Im Mittelpunkt stehen der Sternenhimmel und die US-Weltraumfahrten.
3501 S.W. Davie Rd., Davie; www. iloveplanets.com; Programm Mi, Fr, Sa 20 Uhr, in manchen Monaten mehr Shows; Eintritt 6 $, Kinder 4 $

Butterfly World
Eine der weltgrößten Schmetterlingsvolieren. Tausende prachtvoller Falter aus dem Süden der USA und den Tropen fliegen im Regenwald umher. Zudem können Sie ein Insektarium und eine Kolibrivoliere besichtigen.
3600 W. Sample Rd., Tradewinds Park in Coconut Creek; www.butterflyworld.com; Mo–Sa 9–17, So 13–17 Uhr; Eintritt 25 $, Kinder 20 $

Davie Pro Rodeo Arena
Fort Lauderdales Vorort Davie hat sich dem Westernflair verschrieben, sogar das lokale McDonald's weist Anbindepfosten und einen »Ride Thru« für Reiter auf. In der großen Rodeoarena finden Rodeo-Veranstaltungen und Konzerte statt.
4271 Davie Rd.; Tel. 954/680-8005; www.davieprorodeo.com; Eintritt 13 $, Kinder 6 $

Flamingo Gardens and Arboretum
Auf der einstigen Zitrusplantage gedeiht heute ein üppiger subtropischer Wald. In der riesigen Freiluganlage leben Pelikane, Löffler und andere Vogelarten aus Florida.
3750 S. Flamingo Rd., Davie; www. flamingogardens.org; tgl. 9.30–17.30 Uhr; Eintritt 17 $, Kinder 8,50 $

John U. Lloyd Beach State Park
Der Park bildet mit seinem naturverbliebenen Küstenwald, den Mangroven, schönen Atlantik-Badestränden und vorgelagerten Dünen einen freundlichen Kontrast zum urbanen Fort Lauderdale.
Dania, Zufahrt über SR A1A; www. floridastateparks.org/lloydbeach; tgl. 8–18 Uhr; Eintritt 5 $/Wagen

Stranahan House
Das älteste Gebäude Fort Lauderdales blickt auf den New River. Das 1901 erbaute viktorianische Haus diente u. a. als Handelsposten, Rathaus und Postamt. Die Ausflugsschiffe »Carrie B« und »Jungle Queen« passieren das fotogene Gebäude am Flussufer.
335 SE 6th Ave.; www.stranahanhouse. org; Mi–Sa 10–16 Uhr, So 13–16 Uhr; Eintritt 12 $

MUSEEN
Museum of Discovery and Science 👫
Ein Wissenschaftsmuseum mit Do-It-Yourself-Experimenten, u. a. zu einer Weltraumbasis und zu Korallenriffen, plus IMAX-Riesenleinwandkino. Besonders Kinder haben an den zahlreichen Experimenten sehr viel Spaß.
401 S.W. 2nd St.; www.mods.org; Mo–Sa 10–17, So 12–18 Uhr; Eintritt Museum mit Kino 15 $, Kinder 12 $

MERIAN-Tipp

 Mit dem Water Taxi durch die Kanäle von Fort Lauderdale 👫

Die beste Art, Fort Lauderdale zu erkunden, ist per Wassertaxi auf dem Wasser entlang der ungezählten Kanäle. Mit 60 Stops verbinden die »Water Taxis« alle touristisch wichtigen Punkte wie Geschäfte, Restaurants, Hotels und Jachthäfen. Die preiswerte Tageskarte ermöglicht ein unbegrenztes Zusteigen.

Tel. 954/467-6677;
www.watertaxi.com/FortLauderdale;
tgl. 9–17 Uhr; Fahrpreis Tagespass 13 $,
Familientagespass 48 $

Las Olas Café
Lauschiges Dinner-Restaurant mit romantischer Terrasse und bemerkenswerter Weinkarte. In einer Seitengasse im Las Olas Shopping District gelegen.
922 E. Las Olas Blvd.; Tel. 954/524-4300; www.lasolascafe.com ●●●

The Capital Grille
Steaks und Seafood in klassischer Vollendung. Am Wochenende nur Dinner.
2430 E. Sunrise Blvd.; Tel. 954/446-2000; www.thecapitalgrille.com ●●●

Sawgrass Mills
→ MERIAN-Tipp, S. 19

Swap Shop 🎎
Der Unterhaltungs- und Einkaufskomplex ist der größte »Flohmarkt« der USA. Täglich eröffnet sich in den Hallen, Zelten und unter freiem Himmel eine bunte Mischung aus Basar, Bauernmarkt, Kirmes, Kino und Gratis-Zirkusvorstellungen.
3291 W. Sunrise Blvd.; www.floridaswapshop.com; tgl. 9–8 Uhr

O'Hara's Jazz and Blues Café
Jeden Abend wird live Jazz und Blues gespielt.
722 E. Las Olas Blvd.; Tel. 954/524-1764; www.oharasjazzcafe.com

The Gallery at Beach Place
Nightlife pur am Palmenstrand: Hier gibt es Kneipen, Restaurants und Geschäfte.
17 S. Fort Lauderdale Beach Blvd.; Tel. 954/764-3460; www.galleryatbeachplace.com

Auskunft
Greater Fort Lauderdale CVB
100 E. Broward Blvd., Suite 200; Fort Lauderdale, FL 33301; Tel. 954/765-4466, 800/22-SUNNY; www.sunny.org

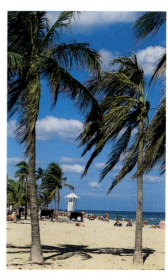

In Fort Lauderdale (→ S. 57) gibt es einen langen, palmengesäumten Stadtstrand.

Amtrak-Bahnhof
200 S.W. 21st Terrace; www.amtrak.com

Greyhound Bus Terminal
513 N.E. 3rd St.; Tel. 954/764-6551; www.greyhound.com

Rundfahrten
Carrie B.
In den Wintermonaten wunderbare anderthalbstündige Hafen- und Kanalkreuzfahrt entlang der schönsten Villen Fort Lauderdales am New River.
Ab Riverwalk an der S.E. 5th Ave.; www.carriebcruises.com; tgl. 11, 13, 15 Uhr; Ticket 18 $, Kinder 10 $

Jungle Queen
Die Touren folgen dem New River entlang schier endloser Grachten mit prächtigen Millionärsvillen. Die Dinnerkreuzfahrt schließt eine Varietee-Show mit Buffet ein (4 Std.).
801 Seabreeze Blvd., am Bahia Mar Yacht Basin; Tel. 954/462-5596; www.junglequeen.com; tgl. 9.30, 13.30, 18 Uhr; Tickets 16,50 $, Kinder 11,75 $, Dinnerkreuzfahrt 37 $

Der Süden

Die subtropische Wildnis der Everglades grenzt direkt an die quirlige Millionenmetropole Miami.

Auf Tuchfühlung mit Alligatoren – selbst für Profis ein äußerst gewagtes Unterfangen. Doch aus sicherer Entfernung lassen sich die Reptilien in den Everglades beobachten. Gute Chancen hat man beispielsweise bei Airboat-Touren.

Das Leben in den Everglades funktioniert nach einem Zyklus von zwei Jahreszeiten, der winterlichen Trockenzeit mit Tagestemperaturen von weit über 20 °C und der schwülheißen sommerlichen Regenzeit mit Nachttemperaturen kaum unter 25 °C. Alligatoren verziehen sich im Sommer ins wasserüberflutete Hinterland, lassen sich nur in den trockenen Monaten in Tümpeln längs der Straßen sichten. An der Florida Bay, wo sich Süß- und Salzwasser miteinander vermischen, liegt die Heimat der äußerst seltenen Amerikanischen Krokodile. Selbst die Stechmücken halten sich an die Jahreszeiten, außerhalb des Winters ist Mückensaison, dann wird das Wandern zur Qual.

Everglades National Park ····⟩ S. 116, C 18

Ein faszinierender Landschaftsmix aus mangrovengesäumten Küsten, flachen Frischwassermarschen und artenreichen Waldinseln bedeckt den Nationalpark an der Südspitze Floridas. Die größte subtropische Wildnis der Vereinigten Staaten wird vom **Shark River Slough** gespeist, der trotz seines Aussehens kein Sumpf ist, sondern ein zwischen Riedgras im Schneckentempo von 30 m am Tag dahinschleichender Fluss. Marjory Stoneman Douglas, die große alte Dame des Everglades-Schutzes, nannte ihn passend »River of Grass«, Fluss aus Gras. In dem tischebenen Nationalpark liegt kein Punkt höher als 2,5 m über dem Meeresspiegel, viel Platz zum Ausbreiten für den oft nur 15 cm tiefen, aber bis zu 80 km breiten »River of Grass«.

Der Everglades National Park gilt als ökologisch bedrohteste Region im amerikanischen Nationalparksystem. Allein der Zugvögelbestand hat sich im 20. Jh. um 90 % vermindert. Trotz seiner immensen Größe von 6100 qkm leidet der Park unter diversen äußeren Einflüssen. Deiche, Gräben, Straßen und die immer weiter vordringenden Siedlungsgebiete verringern den natürlichen Wasserzufluss, des Weiteren beeinträchtigen angeschwemmte Düngemittel die Wasserqualität.

HOTELS/ANDERE UNTERKÜNFTE
Flamingo Lodge
Motelzimmer und Ferienhütten im Herzen des Everglades NP. An der Flamingo Marina. Wegen Hurrikanschäden aus dem Jahr 2005 ist das Hotel derzeit geschlossen. Informationen sind beim Park Service erhältlich. www.flamingolodge.com

SEHENSWERTES
Entlang der Parkstraße nach Flamingo
Am **Royal Palm Visitor Center** – ein kurzer Abstecher abseits der Hauptstraße – wachsen Königspalmen, eine der sechs Palmenarten im Park. Der 1 km lange **Anhinga Trail** 👫 führt über den sachte dahingleitenden Taylor Slough, den »kleineren Bruder« des Shark River. In den Wintermonaten bietet der Holzsteg die besten Chancen, Alligatoren aus nächster Nähe zu beobachten.

Vom Aussichtsturm am **Pa-Hay-Okee Overlook** überblickt man das teils überflutete, flache Marschland mit seinen Zypressenbeständen und typischen Bauminseln (»hammocks«).

Der durch einen knapp 1 km langen Holzsteg zugängliche **Mahogany Hammock** beherbergt seltene Palmenarten und den größten Mahagonibaum der USA. Obwohl diese Bauminseln knapp 1 m höher liegen als das umliegende Marschland, bleiben sie selbst in der trockeneren Jahreszeit relativ feucht und beherbergen eine vollkommen andersartige Tier- und Pflanzenwelt. Unter den Baumkronen wachsen »Strangler Figs«, subtropische Würgefeigen, die ihren Wirtsbäumen schrittweise lebensnotwendige Nährstoffe entziehen. Der **West Lake Trail**, ein 1 km langer Holzsteg, führt durch die Mangrovenvegetation am Ufer des gleichnamigen Sees. Die undurchdringlichen Mangrovenwälder schützen den Küstenverlauf des Nationalparks vor Wind und Wellen. Zwischen den Wurzeln liegt die Kinderstube von Vögeln und Fischen, von Krabben, Muscheln und anderen Kleinstlebewesen.

Everglades National Park
Boat Tours

Von Everglades City führen Bootstouren in den Bereich der mangrovengesäumten »Zehntausend Inseln« des Nationalparks. Gelegentlich begleiten Delfine das Boot, und von Baumwipfeln beobachten Pelikane und Kormorane das Treiben.
Park Docks am Chokoloskee Causeway; Tel. 239/695-2591; www.nps.gov/ever; tgl. 9–17 Uhr; Ticket 26,50 $, Kinder 13,25 $

Flamingo

Am Endpunkt der Parkstraße finden Sie Kanu- und Kajakverleih sowie den Anleger der Ausflugsboote und den großen Campingplatz. Hotel, Blockhütten und Hausbootverleih sind seit den Schäden durch die Hurrikans Wilma und Katrina im Jahre 2005 allerdings geschlossen. Der Service ist eingeschränkt. Informationen gibt es beim Park Service und beim Flamingo Visitor Center (Tel. 239/695-2945). Bootstouren zu verschiedenen Zielen vermelden zahlreiche Abfahrten in der winterlichen Hochsaison und einen verminderten Sommerfahrplan. Per Kanu erreichen Sie die Wasserwege zwischen dem Inland und den Mangroveninseln – ein ideales Gebiet auch für Paddelanfänger.

In der Nähe liegen einige der besten Vogelbeobachtungsplätze, insbesondere bei winterlich niedrigem Wasserstand, wenn Pelikane, Löffelreiher und Co. nur noch in den verbliebenen Seen oder Tümpeln Futter finden.

ESSEN UND TRINKEN
Oyster House Restaurant
Leckere fangfrische Fischgerichte.

MERIAN-Tipp

⑧ Erkundung der Everglades per Fahrrad

Radtouren durch das ebene Shark Valley gehören zu den schönsten Gelegenheiten, Flora und Fauna der Everglades kennen zu lernen. Eine 24 km lange Rundfahrt führt durch das Shark Valley im Everglades National Park. Im trockenen Winterhalbjahr können Sie die Alligatoren beim Sonnenbad beobachten. Am Scheitelpunkt der Strecke steht ein 20 m hoher Aussichtsturm, der eine unbegrenzte Sicht auf den Shark River Slough ermöglicht. Die Route ist ausschließlich Radfahrern und den zweistündigen Tram- und Bustouren vorbehalten.

Tel. 305/221-8455; www. sharkvalleytramtours.com; Fahrradverleih tgl. 8.30–16 Uhr; 6,50 $ pro Stunde; zweistündige Tramtour tgl. 8.30–16 Uhr; Tickets 16 $, Kinder 10 $

Chokoloskee Causeway, Everglades City; Tel. 239/695-2073; www. oysterhouserestaurant.com ●●

SERVICE
Auskunft
Everglades National Park
40001 SR 9336; Homestead, FL 33034; Tel. 305/242-7700; www.nps.gov/ever; Eintritt 10 $ pro Auto

Ziele in der Umgebung

Miccosukee Indian Village ····⟩ S. 117, D 18

Beachten Sie im Indianerdorf die mit Palmenblättern gedeckten, traditionellen »chikees« (Hütten), in deren Mitte gewöhnlich eine Plattform zum Arbeiten, Essen und Schlafen diente. Heute werden unter ihrem Dach Schmuck, Holzschnitz- und Korbflechtwaren verkauft. Im Dorf können Sie junge Alligatoren anfassen und Indianer beim Alligatorringkampf beobachten. Gegenüber beginnen die Airboat-Touren durch das wogende Riedgras außerhalb des National-parks, bei denen man im Winter oft-mals Alligatoren begegnen kann. **US Hwy 41, Mile Marker 70, westl. des Shark Valley; www.miccosukee.com; tgl. 9–17 Uhr; Eintritt 10 $, Kinder 7 $, Airboat-Fahrt 15 $**

Ochopee ⟶ S. 116, C 18

In dem unscheinbaren Örtchen am Tamiami Trail (US Hwy 41) treffen Sie auf das vermutlich kleinste Postamt der USA. Ein beliebter Schnapp-schuss ist der Postkarteneinwurf vor dem winzigen Gebäude.

Key West ⟶ S. 118, A 24

23 300 Einwohner
Stadtplan → S. 65

Als letztes Glied einer lang ge-streckten Inselkette liegt Key West nur noch 145 km von Kuba ent-fernt, und vielleicht begründet gera-

de diese abgeschiedene Lage den ur-eigenen Charakter. Liebevoll sanierte Straßenzüge mit pastellfarben oder weiß gestrichenen viktorianischen Holzhäusern in der faszinierenden »gingerbread architecture« (Pfeffer-kuchenarchitektur) stehen dabei un-gezählten Souvenirläden und Bouti-quen gegenüber.

»Conch« nennen sich die Einwoh-ner von Key West nach der Tritons-hornschnecke, einer der großen Spezialitäten der Keys. Probieren Sie auch den »Key Lime Pie«; die Torte ist nur echt mit dem Saft der auf den Keys gewachsenen Limonen.

Die Altstadt von Key West gehört zu den wenigen Stadtzentren in den USA, die Sie am besten zu Fuß erkun-den. Einen guten Überblick der kom-pletten Insel vermitteln Rundfahrten mit dem **Old Town Trolley** oder dem **Conch Tour Train** 👫. Die nostalgi-schen Trolley-Busse (tgl. 9–18 Uhr) kosten 27 $, Kinder 13 $.

HOTELS/ANDERE UNTERKÜNFTE
Simonton Court ⟶ S. 65, b 2
Idyllisch gelegene Hotelanlage im Stadtzentrum, mit Cottages, Inn, mehreren Pools und großer Früh-stücksbar im Freien.

Übersichtlich: Das Ochopee Post Office gilt als kleinstes amerikanisches Postamt.

Die Atmosphäre von Key West inspirierte Ernest Hemingway. Das Arbeitszimmer des Nobelpreisträgers ist heute Teil eines Museums (→ S. 66).

320 Simonton St.; Tel. 305/294-63 86, 800/944-26 87; www.simontoncourt. com; 29 Zimmer, 6 Cottages ●●●●

Southernmost on the Beach Hotel

····〉 S. 65, b 2

Modernes, jüngst erweitertes Hotel am Palmenstrand nahe der Altstadt. Toller Blick aufs Meer; Yoga im Angebot.

508 South St.; Tel. 305/296-6577, 800/354-4455; www.southernmoston thebeach.com; 127 Zimmer ●●●●

Spaziergang

Beginnen Sie Ihren 3 km langen Rundweg am **Mallory Square**, dem belebten Zentrum in der Altstadt von Key West. In den benachbarten, pittoresken Gassen blüht der Souvenirhandel mit Schwämmen, Muscheln, handbedruckten Stoffen und vielem mehr. Direkt am belebten Platz liegen **Key West Aquarium** und **Key West Shipwreck Historeum**, eine Querstraße weiter **Mel Fisher Maritime Heritage Museum** und **Audubon House**.

Folgen Sie dann zunächst der Whitehead Street bis zum **Lighthouse Museum** und **Ernest Hemingway Home** und der Truman Ave. Nach zwei Querstraßen erreichen Sie mit der **Duval Street** die touristische Ader von Key West mit Souvenirgeschäften, Boutiquen und Hotels sowie zahlreichen Ständen von fliegenden Händlern und Straßenmusikern. Am besten ist man ein bis zwei Stunden vor Sonnenuntergang dort, dann ist genügend Zeit, dieses Spektakel zu genießen. Erst abends ab Sonnenuntergang erwacht die Straße zu geschäftigem Treiben, dann sind die Kneipen, Restaurants und Gärten übervoll von Touristen aus aller Welt. Wer es ruhiger mag, kann bei Livemusik den Drink und das schöne Inselpanorama von der Dachterrasse des höchsten Downtown-Gebäudes **Crowne Plaza La Concha** (430 Duval St.; Tel. 800/745-2191; www. laconchakeywest.com) genießen, deutlich lauter und geselliger geht es bei **Sloppy Joe's** zu.

Audubon House ⟶ S. 65, a 1

1832 wählte der Naturforscher und Künstler John James Audubon das Haus des Kapitäns John Geiger als Stützpunkt, um einheimische Vögel und Pflanzen zu zeichnen. Viele von Audubons Originalstichen und -skizzen aus »Birds of America« schmücken die Wände des Hauses.

205 Whitehead St.; www.audubonhouse. com; tgl. 9.30–17 Uhr; Eintritt 10 $

City Cemetery ⟶ S. 65, b 2

Aufgrund des harten Korallengesteins unter der Stadt liegen die Gräber oberirdisch. Schlendern Sie zwischen den hohen Grabstätten ein wenig umher, Inschriften wie »I Told You I Was Sick« (»Ich sagte dir, dass ich krank war«) wirken eher erheiternd.

Haupteingang Margaret St./ Angela St.

George Smathers County Beach 👫 ⟶ S. 65, östl. c 2

Der weiße Sandstrand am South Roosevelt Boulevard wirkt ziemlich echt, obwohl er wie nahezu alle Strände von Key West aufgeschüttet wurde. Das warme, herrlich blaugrün schimmernde Wasser lädt zum Baden ein. Surfbrett- und Bootsverleiher säumen den palmenbestandenen Strand.

Key West Aquarium 👫 ⟶ S. 65, a 1

→ Familientipps, S. 27

Southernmost Point ⟶ S. 65, b 2

Die rote Riesenboje – wenn auch trotz des Namens geografisch nicht exakt der allersüdlichste Inselpunkt – zählt zu den meistfotografierten Objekten von Key West.

Whitehead St./South St.

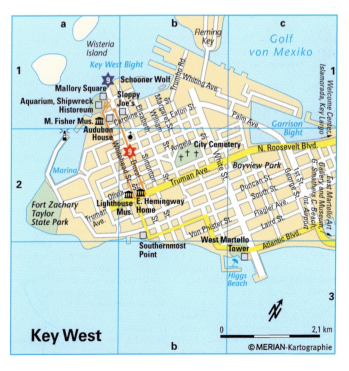

MUSEEN

Ernest Hemingway Home and Museum
⤳ S. 65, b 2

Das im spanischen Kolonialstil erbaute Anwesen mit üppigem Tropengarten wurde 1931 von Ernest Hemingway gekauft. Hier verbrachte der Nobelpreisträger eine fruchtbare und trinkfeste Schaffensperiode. Die umherstreifenden sechszehigen Katzen sollen Nachkommen seiner Katzen sein. Während der fünftägigen »Hemingway Days« um seinen Geburtstag am 21. Juli versuchen Männer mit Bärten und weißen Wollpullis, ihrem Idol möglichst ähnlich zu sehen.
907 Whitehead St.; www.hemingwayhome.com; tgl. 9–17 Uhr; Eintritt 12 $

Key West Shipwreck Historeum
⤳ S. 65, a 1

Sobald »Wreck ashore!« ein in den Riffen gestrandetes Schiff vermeldete, verdienten die Kapitäne beim Aufbringen der gesunkenen Ware ein Vermögen. Key West war zeitweise eine der reichsten Städte in den USA. Ausgestellt werden Fundstücke des Handelsschiffes »Isaac Allerton« sowie unzählige Relikte und Schätze anderer Schiffswracks. Vom Turm genießen Sie ein schönes Panorama der Altstadt.
1 Whitehead St.; www.shipwreckhistoreum.com; tgl. 9.45–16.45 Uhr; Eintritt 12 $

Lighthouse Museum
⤳ S. 65, b 2

Der 1847 erbaute weiße Key West Lighthouse ist der einzige mitten in einem Wohngebiet stehende Leuchtturm Floridas. Nach 88 Stufen Aufstieg hat man einen herrlichen Inselblick.
938 Whitehead St.; www.kwahs.com/lighthouse.htm; tgl. 9.30–16.30 Uhr; Eintritt 10 $

Mel Fisher Maritime Heritage Museum 👫
⤳ S. 65, a 1

1985 hob Mel Fisher die meisten Schätze aus der 1622 gesunkenen spanischen Galeone »Nuestra Señora de Atocha«, u. a. ein Kreuz mit sieben Smaragden und eine über 2 kg schwe-

re Goldkette. Das Museum präsentiert eine gute historische Ausstellung.
200 Greene St.; www.melfisher.org; Mo–Fr 8.30–17, Sa–So 9.30–17 Uhr; Eintritt 12 $, Kinder 6 $

ESSEN UND TRINKEN

Pisces
⤳ S. 65, b 2

Leichte französische Küche mit tropischen Nuancen. Hauptsächlich Fisch und Meeresfrüchte. Exzellent: der in Cognac flambierte und mit Mangos servierte »Lobster Tango Mango«!
1007 Simonton St.; Tel. 305/294-7100; www.pisceskeywest.com; nur Dinner
●●●

Blue Heaven
⤳ S. 65, b 2

Restaurant mit Garten und skurriler Vergangenheit (Hemingway schiedsrichterte hier Boxkämpfe). Probieren Sie hier »jamaican jerk chicken« mit Bohnen und karibischen Kräutern.
729 Thomas St.; Tel. 305/296-8666; Mo–Sa Breakfast, Lunch und Dinner, So Brunch und Dinner ●●

El Siboney
⤳ S. 65, b 2

Authentische kubanische Küche, u. a. gut gewürztes Schweinefleisch.

MERIAN-Tipp

⑨ ## Amerikas schönster Sonnenuntergang 👫

Mit dem Ausklang des Tages erwacht das Leben am **Mallory Square Dock** in Key West. Die stimmungsvolle »sunset celebration«, die Sonnenuntergangsfeier, avanciert zum großen Zuschauerspektakel, bei dem Jongleure, Palmblattflechter, Entfesselungskünstler, Feuerschlucker und Straßenmusikanten den Sonnenuntergang als Kulisse nutzen. Segelschiffe kreuzen fotogen vor der untergehenden Sonne. Nach Einbruch der Dunkelheit zerstreut sich die Zuschauermenge wieder in den Straßen und Bars der Stadt. ⤳ S. 65, a 1

Karibik-Feeling vermitteln die Palmen am Smathers Beach in Key West (→ S. 63).

900 Catherine St.; Tel. 305/296-41 84;
tgl. Lunch und Dinner ●●

Mangoes   ┄┄⟩ S. 65, b 2
Kreative französisch, italienisch und
kubanisch inspirierte Gerichte.
700 Duval St.; Tel. 305/292-4606;
www.mangoeskeywest.com; tgl. Lunch
und Dinner ●●

Rusty Anchor   ┄┄⟩ S. 65, östl. c 1
Fangfrischer Fisch wird an langen
Tischen serviert. Fröhliches Personal
im einfachen Blockhaus. Allein die
Shrimps lohnen die kurze Autofahrt
zur Nachbarinsel von Key West.
5510 Fifth Ave., Stock Island; Tel. 305/
294-5369; www.elsiboneyrestaurant.com;
So geschl. ●●

AM ABEND
Green Parrot   ┄┄⟩ S. 65, b 2
Gute Musikkneipe in der Altstadt,
Openair. Junges Publikum.
601 Whitehead St.; Tel. 305/294-6133;
www.greenparrot.com; tgl. 10–4 Uhr

Sloppy Joe's   ┄┄⟩ S. 65, b 1
Je später der Abend, desto interes-
santer die Gäste. So war es früher ein-

mal. »Papa« Hemingway trank in der
Kneipe, als sie noch »Midget Bar«
hieß, gern das eine oder andere oder
noch mehr Glas Bier. Heute gibt es
Livemusik, Bier und Cocktails von
mittags bis in die Nacht hinein in der
bekanntesten Bar der Stadt, in die
jeder Neuankömmling in Key West
mindestens einmal hereinschaut.
201 Duval St.; Tel. 305/294-5717; www.
sloppyjoes.com; Mo–Sa 9–4, So 12–4 Uhr

SERVICE
Auskunft   ┄┄⟩ S. 65, nordöstl. c 2
Key West Information Center, 1601 N.
Roosevelt Blvd., Key West, FL 33041;
Tel. 305/292-5000, 888/222-5090;
www.keywestinfo.com

RUNDFAHRTEN
Fury   ┄┄⟩ S. 65, a 1
Unternehmen Sie mit dem schnellen
Katamaran Ausflüge zum Schnorcheln,
Sonnen oder eine obligatorische Son-
nenuntergangsfahrt, die auch vor dem
Mallory Square Dock vorbeiführt.
Ab Truman Annex, Westende der Greene
St.; Tel. 305/294-8899, 877/994-8898;
www.furycat.com; Sunset Cruise 37 $,
Schnorcheltrip 40 $, Kinder 20 $

Sebago

Bei einer Kreuzfahrt mit dem zweimastigen Segler »Schooner Appledore« (nur im Winter, ab 45 $) oder dem modernen Katamaran »Sebago« (ab 39 $) erleben Sie den Sonnenuntergang auf stimmungsvolle Weise. Die Boote starten vom Historic Key West Seaport an der William Street.
Tel. 305/294-5687, 800/507-9955; www.keywestsebago.com

Taxi

Friendly Cab Company
Tel. 305/292-0000

Ziele in der Umgebung

Dry Tortugas National Park   ⋯⋙ S. 116, westl. A 20

Die Seaplanes of Key West fliegen in 35 Minuten zum **Fort Jefferson** auf Garden Key, das zum Dry Tortugas National Park (www.nps.gov/drto) gehört. Während des Fluges genießen Sie ein fantastisches Panorama auf die Inselwelt und die großartig gelegene sechseckige Festung aus der zweiten Hälfte des 19. Jh. Das Fort kann besichtigt werden, zum korallenreichen Meeresboden kann man tauchen oder im seichten blauen Wasser schnorcheln (Verleih vor Ort). Alternativ benötigt der Katamaran »Yankee Freedom II« (Tel. 800/634-0939; www.yankeefreedom.com; 149 $) von Key West zur Insel 2,5 Std.
Seaplanes of Key West; Tel. 800/ 950-2359; www.seaplanesofkeywest.com; halbtags 229 $, ganztägig 405 $, ab Key West International Airport
110 km westl. von Key West

Islamorada   ⋯⋙ S. 119, E 23

6500 Einwohner

Im selbst ernannten »Sportfischerzentrum der Welt« auf **Upper Matecumbe Key** gibt es ganze Flotten Charterboote, die zu Hochseeangeltrips und Sportfischwettbewerben auf Fächer-, Schwert- und andere Fische starten. Mieten Sie sich ein Boot, oder fahren Sie mit einem großen Party-Fishing-Boot, z. B. der »Miss Islamorada« ab Bud'N Mary's Fishing Marina bei Mile Marker 80; Tel. 305/664-2461, 800/742-7945; www.budnmarys.com.

Die Tiki Bar des **Holiday Isle Resort** (Mile Marker 84; Tel. 800/327-7070; www.holidayisle.com) ist das Zentrum des Nachtlebens. Islamoradas Freizeitangebot umfasst u. a. Tauchexkursionen oder Bootsfahrten zu den Mangroveninseln Indian Key und Lignumvitae Key. Einen langen Badestrand finden Sie im **Long Key State Park** (www.floridastateparks.org/ longkey; tgl. 8 Uhr–Sonnenuntergang; Eintritt 4 $/Wagen). Das Naturschutzgebiet westlich von Islamorada besitzt einen ausgedehnten Sandstrand, an dem weit ins Meer hinausgegangen werden kann.
132 km nördl. von Key West

Key Largo   ⋯⋙ S. 119, F 22

11 900 Einwohner

Das Eiland ist ein populäres Ausflugsziel von Miami und Ankerplatz vieler Sportfischerboote. Vor dem Holiday Inn hat das Boot »African Queen« aus dem 1951 gedrehten Film mit Humphrey Bogart und Katharine Hepburn seinen letzten Liegeplatz gefunden.

Hauptattraktion ist der **John Pennekamp Coral Reef State Park** 👣👣 (US Hwy 1, Mile Marker 102,5), das Tauchparadies am Florida-Riff. Eine Glasbodenbootfahrt (22 $, Kinder 15 $) oder Schnorcheltrips in Küstennähe (29 $, Kinder 24 $) sind lohnenswert, im Park werden zudem Kanus und Kajaks verliehen (12 $ pro Stunde).
Tgl. 8 Uhr bis Sonnenuntergang; Tel. 305/451-6300; Eintritt 5 $/Wagen
160 km nördl. von Key West

Die Golfküste

Endlose Sandstrände bieten Sonnenanbetern und
Wasserratten paradiesische Verhältnisse.

Der Caladesi Island State Park wurde 2007 zum zweitschönsten Strand der USA ge-
wählt. Kaum vorstellbar, dass es ein noch paradiesischeres Fleckchen Erde geben soll.

Der aus St. Petersburg, Clearwater und vielen weiteren kleineren Gemeinden bestehende Großraum dehnt sich auf einer knapp 50 km langen Halbinsel zwischen dem Golf von Mexiko und der Tampa Bay aus.

St. Petersburg ⤑ S. 114, A 15

249 000 Einwohner
Stadtplan → S. 77

Nur 20 Minuten vom Stadtzentrum an der Tampa Bay entfernt liegen einige der schönsten Sandstrände am Golf von Mexiko, darunter **Caladesi Island**, **Fort de Soto Park** und **Sand Key Park**. Über vier Inseln verbindet der Gulf Boulevard (SR 699) **St. Petersburg Beach** im Süden mit **Clearwater Beach** im Norden. Die touristischen Zentren der Insel sind populäre Ferienziele. Als modernes Wahrzeichen von St. Petersburg schwingt sich seit 1987 in strahlendem Gelb und nächtlich illuminiert die 6,5 km lange **Sunshine Skyway Bridge** über die Tampa Bay zur Nachbarstadt Bradenton.

HOTELS/ANDERE UNTERKÜNFTE
The Don CeSar Beach Resort
⤑ S. 77, a 2
1928 erbautes flamingopinkes Grandhotel in mediterranem Baustil mit Luxusrestaurants und Strandbar. 3400 Gulf Blvd.; Tel. 727/360-1881, 866/728-2206; www.don cesar.com; 277 Zimmer ●●●● ♿

Sirata Beach Resort ⤑ S. 77, a 2
Komfortable Zimmer oder Appartements mit Küche am Sandstrand am St. Petersburg Beach. Gemütliche Strandbar neben den Swimmingpools. 5300 Gulf Blvd.; Tel. 727/363-5100, 800/344-5999; www.sirata.com; 380 Zimmer ●●● ♿

SEHENSWERTES
Boyd Hill Nature Preserve 👫
⤑ S. 77, b 3
In dem schönen Park an der Südwestseite des Lake Maggiore führen insgesamt 5 km Naturlehrpfade durch unterschiedliche ökologische Bereiche. Schilf- und Uferzonen wechseln ab mit Prärie und Wald. 1101CountryClub Way S.; www.stpete.org/boyd; Di–Do 9–20, Fr, Sa 9–18, So 11–18 Uhr; Eintritt 3 $

Caladesi Island State Park 👫
⤑ S. 77, a 1
Die beinahe unberührte Trauminsel vor Dunedins Küste wurde 1921 durch einen Hurrikan von Honeymoon Island abgetrennt. Der Strand zum offenen Meer hin wurde 2007 als zweitschönster Strand der USA ausgezeichnet. Den Kiefern-, Eichen- und Palmenwald in der Inselmitte durchzieht ein Wanderweg. An der Ostseite bieten undurchdringliche Mangrovendickichte den vielen Vogelarten sichere Brutplätze. Zufahrt per Personenfähre ab Honeymoon Island State Park; Tel. 727/734-1501; www.floridastateparks.org; tgl. ab 10 Uhr, stündlich; 9 $ (retour)

Sand Key Park ⤑ S. 77, a 2
Insel mit Supersand: schöner Badestrand an der Nordspitze von Sand Key. Mit dem Panorama der Nachbarinsel Clearwater Beach Island. 1060 Gulf Blvd.; www.pinellascounty.org/park; tgl. 7 Uhr–Dämmerung; Eintritt frei

---

MERIAN-Tipp

10 **Fort de Soto Park's North Beach** 👫

Dr. Beach, der amerikanische Strandexperte, wählte 2005 den North Beach zum Strand Nr. 1 der USA. Endlos lang, strahlend weiß und wunderschön! Wer nicht nur am Strand liegen möchte: Das historische Fort ist in der Nähe, Wanderpfade, Angelund Wassersportmöglichkeiten sind reichlich vorhanden.

3500 Pinellas Byway; www.pinellascounty.org/park; tgl. 7 Uhr–Dämmerung; Eintritt frei ⤑ S. 77, a 4

Eine Top-Attraktion St. Petersburgs bildet das Dalí-Museum. Hier sind Werke aus allen Schaffensperioden des spanischen Meisters versammelt.

St. Petersburg Pier ⋯⋙ S. 77, b 3
Eine auf dem Kopf stehende, fünfstöckige Pyramide in maritimen Sommerfarben ist das Erkennungsmerkmal der Hafenfront. Im Inneren befinden sich ein Aquarium, Geschäfte und Restaurants. Von der Dachterrasse lässt sich das Panorama der Skyline St. Petersburgs genießen. An der Pier ankert das Ausflugsboot Dolphin Queen (Tel. 727/647-1538; www.pierdolphincruises.net). Gleich daneben werden am Spa Beach seit über 20 Jahren Pelikane mit Fischen gefüttert (bei Wassertemperaturen unter 20 Grad tgl. 16 Uhr).
800 2nd Ave. N.E.; www.stpetepier.com; tgl. ab 10, So ab 11 Uhr; Eintritt frei

Museen
Museum of Fine Arts ⋯⋙ S. 77, b 3
Ein Dutzend Galerien, u. a. mit umfangreicher Sammlung französischer Impressionisten, einer Vielfalt amerikanischer Künstler sowie indianischer Kunst ab der präkolumbianischen Zeit.
225 Beach Dr. N.E.; www.fine-arts.org; Di–Sa 10–17, So 13–17 Uhr; Eintritt 12 $

Salvador Dalí Museum ⋯⋙ S. 77, b 3
Große Sammlung an Werken des vielseitigen spanischen Meisters. Als eines der besten Museen Floridas präsentiert es Ölgemälde, Aquarelle, Zeichnungen, Grafiken, Skulpturen und skurrile Kunstobjekte aus der gesamten künstlerischen Schaffensperiode Dalís. Mit Büchern, Dalí-T-Shirts, Nachdrucken etc. bietet das Museumsgeschäft ein gutes Sortiment.
1000 3rd Street S.; www.salvadordali museum.org; tgl. 9.30–17.30, Do bis 20 Uhr, So ab 12 Uhr; Eintritt 17 $

Essen und Trinken
Bob Heilman's Beachcomber
 ⋯⋙ S. 77, a 2
Köstliche Fischgerichte und Steaks, dazu exzellente Desserts. Die gemütliche Bar hat bis Mitternacht geöffnet.
447 Mandalay Ave., Clearwater Beach; Tel. 727/442-4144; www. heilmansbeachcomber.com ●●

The Garden Restaurants ⋯⋙ S. 77, b 3
Mediterrane Küche in Downtown St. Petersburg. Fr und Sa Livejazz.
217 Central Ave.; Tel. 727/896-3800 ●●

Einkaufen
Tyrone Square Mall ⋯⋙ S. 77, a 2
Größtes Einkaufszentrum der Region mit über 170 Geschäften und vier

Kaufhäusern, mit Kinos, Restaurants und Fast-Food-Lokalen.
66th St/22nd Ave. N, Clearwater; Mo–Sa 10–21, So 11–19 Uhr

AM ABEND
Bay Walk ····⟩ S. 77, b 3
Anlaufpunkt der Nachtschwärmer in Downtown St. Petersburg: mediterranes Ambiente, Restaurants und Bars, trendige Geschäfte und ein modernes IMAX-Kino (www.muvico.com). Freitags Livemusik im offenen Innenhof.
153 2nd Ave. N.; www.yourbaywalk.com

SERVICE
Auskunft
St. Petersburg/Clearwater Area Convention & Visitors Bureau
····⟩ S. 77, a 2
13805 58th St., Suite 2-200; Clearwater, FL 33760; Tel. 727/464-7200, 877/352-3224; www.floridasbeach.com

Stadtinfo ····⟩ S. 77, b 3
St. Petersburg Pier

Greyhound Bus Terminal ····⟩ S. 77, b 3
180 9th St. N; Tel. 727/898-1496

Taxi
Yellow Cab; Tel. 727/799-2222; www.yellowcabfla.com

Ziel in der Umgebung

Tarpon Springs
····⟩ S. 114, A 14
23 000 Einwohner

Das von griechischen Einwanderern besiedelte Tarpon Springs (www.tarponspringschamber.com) besaß in den ersten Jahrzehnten des 20. Jh. mehr als 200 Schwammtaucherboote und war wichtigster Schwammhandelsort in den USA. Obwohl später synthetische Schwämme den Markt überhäuften, die meisten Schwamm-

taucherboote an Land verrotteten und auch der »American Way of Life« Einzug hielt, hat entlang des Dodecanese Boulevard und in dessen Seitenstraßen das griechisch-mediterrane Flair überlebt.
60 km nördl. von St. Petersburg

SEHENSWERTES
Schwammtaucherei ····⟩ S. 114, A 14
Bei halbstündigen Fahrten mit der **St. Nicholas Boat Line** (693 Dodecanese Blvd.; Tel. 727/942-6425; www.thespongeexchange.com; 10–16.30 Uhr; Tickets 8 $, Kinder 4 $) erleben Sie Tauchvorführungen in historischen Tauchanzügen. Im Markt der ehemaligen **Sponge Exchange** (735 Dodecanese Blvd.), dem einstigen Schwammgroßmarkt, können Sie in Ruhe nach Muscheln, Schwämmen und anderen maritimen Souvenirs stöbern.
510 Dodecanese Blvd.; tgl. 10.30–17 Uhr; Eintritt frei

Tampa ····⟩ S. 114, A 14
333 000 Einwohner
Stadtplan → S. 77

Als der Kubaner Vincente Martínez Ybor seine Zigarrenfabrik von Key West nach Tampa verlagerte, zog er damit Scharen kubanischer Arbeiter an und begründete den rasanten Aufstieg der lokalen Zigarrenindustrie. Die spanischsprachige Gemeinde **Ybor City** wuchs schnell zum Zentrum der Zigarrenindustrie mit bis zu 40 000 Arbeitern in 200 Fabriken. Spitzenkräfte, die 150 Zigarren pro Tag per Hand rollten, zählten zur gut verdienenden Mittelklasse. Bereits ab 1920 begann Ybor Citys Stern allerdings wieder zu sinken.

Allmählich gewinnt das Viertel seine historische Atmosphäre wieder zurück, Laternen, Fassaden und Balkone mit schmiedeeisernen Gittern wurden wieder schön herausgeputzt, in den Straßencafés bekommt man »caffè con leche«, den typischen

Milchkaffee, und kubanisches Brot. Handgefertigte Zigarren gibt es wieder in einigen kleinen Läden zu kaufen.

Downtown Tampa präsentiert sich dagegen als »Business City«. Zur werktags lebhaften Fußgängerzone **Franklin Street Mall** mit ihren eindrucksvollen Bürotürmen gesellt sich das **Universitätsviertel** auf der gegenüberliegenden Flussseite des Hillsborough River. Die schönen Gebäude des ausgehenden 19. Jh. wurden auffällig mit Minaretten gestaltet.

HOTELS/ANDERE UNTERKÜNFTE

Behind the Fence Bed & Breakfast
╌╌> S. 77, östl. c 2
In der gemütlichen Frühstückspension 20 km südöstlich von Tampa sind die Zimmer teils mit Antiquitäten im Baustil des frühen 19. Jh. eingerichtet. 1400 Viola Dr., Brandon; Tel. 813/685-8201; www.floridasecrets.com/fence.htm; 5 Zimmer ●●

Ramada Inn
╌╌> S. 77, c 1
Verkehrsgünstig gelegenes Hotel mit Pool. Zimmer inklusive Kontinentalfrühstück.
Im Nordosten der Stadt nahe I-75; 11714 Morris Bridge Rd.; Tel. 813/985-8525; www.ramadatampa.com; 122 Zimmer ●●

SPAZIERGANG

Starten Sie Ihren Spaziergang im **Ybor City State Museum** (→ S. 75). Nebenan, im **Cigar Maker's House Museum** (1804 East 9th Ave.), können sechs »casitas« (kleine Häuser) von Zigarrenarbeitern aus dem späten 19. Jh. betrachtet werden. Auf der 7th Avenue, dem Herzstück des Viertels, sind zwischen 14th und 20th Street die meisten Restaurants und Clubs angesiedelt. An der 8th Avenue Ecke 13th Street halten Exilkubaner den **Parque de Amigos de José Martí** noch immer in Besitz, bezeichnen den Platz als einzig »freies« kubanisches Land. Auf der gegenüberliegenden Seite der 13th Street beherbergt die 1896 von Vincente Martínez Ybor erbaute größte Zigarrenfabrik der Welt heute das **Ybor Square**. Das rote Ziegelsteingebäude mit den hölzernen Stützpfeilern beheimatet Dutzende kleiner Shops und Restaurants.

SEHENSWERTES

Adventure Island 👫 ╌╌> S. 77, c 1
Riesiger Wasserpark unter freiem Himmel mit zahlreichen gewundenen Wasserrutschen, Palmen, tropischem Regenwald, Wasserfällen und Wellenbad. 10001 N. McKinley Dr.; www.adventureisland.com; Mitte März–Anfang Sept. und an Wochenenden Sept.–Mitte Okt. tgl. 10–17, im Hochsommer 9–19 Uhr; Eintritt 40 $, Kinder 36 $

Busch Gardens Africa 👫 ╌╌> S. 77, c 1
Weitläufiger, kombinierter Tier- und Vergnügungspark mit rund 3000 Tieren. Große Achterbahnen, darunter die über 2 km lange Gwazi, wirbeln mit Loopings und Doppel-Loopings ihre Passagiere kräftig durcheinander, unter den Wasserfahrten überrascht die »Tanganyika Tidal Wave« ihre Mitfahrer und die Zuschauer mit kräftigen Erfrischungseffekten auf der Brücke. Den Park durchqueren eine Eisenbahn sowie die Skyride-Seilbahn.

Zudem sorgen Sing-, Tanz- und Tiershows, Geschäfte und Basare für den einträglichen Mix aus Kirmes und Kommerz. Eine Stippvisite in den Ställen der mächtigen Clydesdale-Brauereipferde und Kostproben der Anheuser-Busch-Brauerei runden den Besuch ab. Der Park gehört, wie SeaWorld, dem weltgrößten Brauereikonzern. 10001 N. McKinley Dr.; www.buschgardensafrica.com; tgl. 9.30–18, im Sommer bis 21 Uhr; Eintritt 70 $, Kinder 60 $

Florida Aquarium 👫 ╌╌> S. 77, c 2
Das exzellente Aquarium zeigt Fische von kleinsten Exemplaren bis zum Hai in verschiedenen ökologischen Lebensräumen wie Marsch, Mangroven und Sümpfen, an den Küsten, in Korallenriffen und dem offenen

10

Meer. Verfolgen Sie einmal den imaginären Weg eines Wassertropfens von der Quelle bis zur Mündung. Mehrmals täglich Tauchershows im Korallenriffbecken mit Unterwassermikrofonen.

701 Channelside Dr.; www.flaquarium.org; tgl. 9.30–17 Uhr; Eintritt 20 $, Kinder 17 $

Lowry Park Zoo ⏵ S. 77, C 1

Die Heimat von über 350 exotischen Tierarten, darunter auch jene aus Florida: Bären, Alligatoren, Manatis und Raubvögel in großzügigen Gehegen.

1101 W. Sligh Ave.; www.lowryparkzoo.com; tgl. 9.30–17 Uhr; Eintritt 20 $, Kinder 15 $

⏵ S. 77, C 1

MUSEEN

Museum of Science and Industry (MOSI) ⏵ S. 77, C 1

Das modernste Wissenschaftsmuseum Floridas lädt mit zahlreichen »Do-It-Yourself«-Experimenten zum Mitmachen ein. Erleben Sie in Simulationen die Kräfte eines Hurrikans, elektrostatischer Felder oder Blitzeinschläge. Steigen Sie in einen Flugsimulator ein, oder leiten Sie eine Spaceshuttle-Mission. Auf der Riesenleinwand des ultramodernen IMAX Dome werden mehrmals täglich Filme mit spannendem wissenschaftlichen Hintergrund gezeigt. Das Planetarium bietet Planeten- und 3D-Laser-Shows.

4801 E. Fowler Ave.; www.mosi.org; Mo–Fr 9–17, Sa, So 9–18 Uhr; Eintritt 21 $, Kinder 17 $, IMAX-Film 11 $

Tampa Museum of Art ⏵ S. 77, C 2

Das Kunstmuseum auf dem Ostufer des Hillsborough River präsentiert Floridas wichtigste griechische und italienische Antiquitätensammlung sowie bedeutende Kollektionen regionaler zeitgenössischer Kunst. Eröffnung des Neubaus Anfang 2010.

600 N. Ashley Dr.; www.tampamuseum.com; Di–Sa 10–17, So 11–17 Uhr; Eintritt 7 $

Ybor City State Museum ⏵ S. 77, C 2

Das in einer ehemaligen Bäckerei untergebrachte Museum thematisiert die Geschichte des Kubanerviertels und der Zigarrenproduktion sowie das kulturelle, politische und soziale Umfeld der zahlreichen Exilkubaner in Florida.

Am Ybor Square im kubanischen Viertel boomte einst das Zigarrengeschäft, heute steht dort ein Geschäftszentrum. Handgerollt werden die Zigarren nur noch für Touristen.

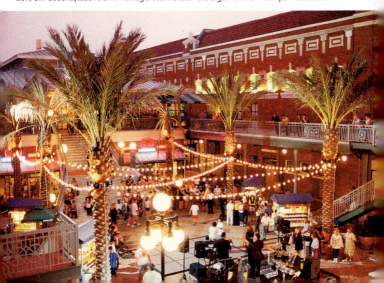

1818 E. 9th Ave.; www.ybormuseum.org; tgl. 9–17 Uhr; Eintritt 3 $

Bern's Steakhouse   ⤏ S. 77, C 2
Legendäres Restaurant mit den besten Steaks und der umfangreichsten Weinkarte im ganzen Bundesstaat, exzellenter Nachtisch in dem Dessert Room. Reservierungen empfohlen.
1208 S. Howard Ave.; Tel. 813/251-2421; www.bernssteakhouse.com ●●●

Estela's Mexican Restaurant
⤏ S. 77, C 2
Chimichangas, Quesadillas und Nachos: Authentische mexikanische Küche bietet das Restaurant auf Davis Island. Lunch und Dinner. Freitagabends spielt eine Mariachi-Band.
209 E. Davis Blvd.; Tel. 813/251-0558; www.estelas.com ●●

Mise en Place   ⤏ S. 77, C 2
Das Trendrestaurant im Bistro-Stil gegenüber der Universität bietet neue amerikanische Küche. Innovative Menüs und lokale Spezialitäten mit karibischem Flair gibt es zu fairen Preisen.
442 W. Kennedy Blvd.; Tel. 813/254-5373; www.miseonline.com; Di–Sa Dinner, So und Mo geschl. ●●

Hyde Park Village   ⤏ S. 77, C 2
3 km südwestlich der Innenstadt befindet sich das stilvolle Einkaufsdorf mit Boutiquen, Kunstgalerien, Spezialitätengeschäften und Restaurants.
Swann Ave./S. Dakota Ave.; www.hydeparkvillage.net; Mo–Sa 10–19, So 12–17 Uhr

Skipper's Smokehouse   ⤏ S. 77, C 1
Unterhaltsames Live-Entertainment in verschiedenen Musikstilen. In rustikaler Atmosphäre werden schmackhafte Gerichte aus Louisiana und der Karibik serviert.
910 Skipper Rd., nördliche Stadtgrenze von Tampa; Tel. 813/971-0666; www.skipperssmokehouse.com; Mo geschl.

Ybor City   ⤏ S. 77, C 2
Zahlreiche Night Clubs mit Blues, Jazz, Rock oder Country (→ Spaziergang, S. 74) sorgen für ein abwechslungsreiches Programm. Das einstmals heruntergekommene Viertel hat sich inzwischen zum populären »Nightspot« gewandelt.

Auskunft
Tampa Bay Visitor Information Center   ⤏ S. 77, C 2
615 Channelside Dr., Suite 108 A, Tampa, FL 33602; Tel. 813/223-2752, 800/44-TAMPA; www.gotampa.com

Amtrak-Bahnhof   ⤏ S. 77, C 2
601 N. Nebraska Ave.

Greyhound Bus Terminal
⤏ S. 77, C 2
610 E. Polk St.; Tel. 813/229-2174

Taxi
Yellow Cab; Tel. 813/253-0121

Ziele in der Umgebung

Bradenton   ⤏ S. 114, A 15
54 000 Einwohner
Stadtplan → S. 77

Das nahe gelegene Bradenton besitzt mit der lang gestreckten Insel **Anna Maria Island** ein populäres Urlaubsdomizil. An den 3 km langen Strand Coquina Beach, der an der unbebauten Südspitze gelegen ist, schließt sich nördlich das touristisch belebte **Bradenton Beach** an. Auf der gegenüberliegenden Inselseite, neben der Einmündung der SR 684 auf Anna Maria Island, ragt die renovierte **Bridge Street Pier** samt Rotten Ralph's Restaurant (Tel. 941/778-1604) in die Bucht hinein. Im ruhigen und eher beschaulichen Norden der Insel sollten Sie nach Möglichkeit morgens vorbeischauen, dann versuchen viele Ang-

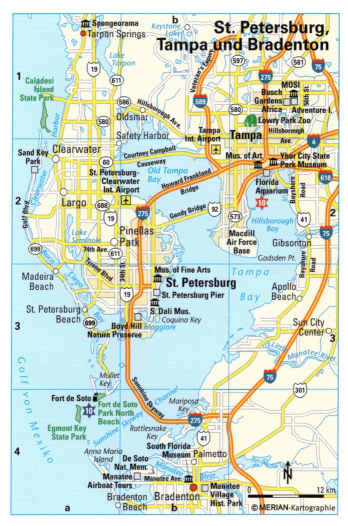

St. Petersburg, Tampa und Bradenton

ler ihr Glück an der fotogenen **Anna Maria City Pier.**

70 km südl. von Tampa

⟶ S. 77, b 4

SEHENSWERTES

De Soto National Memorial

Die Gedenkstätte an der Tampa Bay widmet sich dem spanischen Konquistador Hernando de Soto, der mit einer großen Expeditionsstreitmacht 1539 an der Bucht anlandete. Von Dez. bis März führen Parkangestellte in zeitgenössischen Kostümen Szenen aus dem Leben früher Florida-Siedler vor.

3000 75th St. NW; www.nps.gov/deso; tgl. 9–17 Uhr; Eintritt frei

Manatee Village Historical Park
⸺> S. 77, b 4

Ein Ensemble historischer Gebäude, darunter ein Gerichtsgebäude von 1860 und ein Kolonialwarenladen aus dem Jahr 1903, demonstriert Lokalgeschichte aus Manatee County.

1404 Manatee Ave. E; Mo–Fr 9–16.30 Uhr, So 13.30–16.30 Uhr; Eintritt frei

MUSEEN

South Florida Museum 👫
⸺> S. 77, b 4

Das Museum am Südufer des Manatee River präsentiert großzügige kulturgeschichtliche und naturwissenschaftliche Ausstellungen. Neben dem **Parker Manatee Aquarium:** (→ Familientipps, S. 27) ist dort auch das **Bishop Planetarium** sehenswert. Nach extensiven Renovierungsarbeiten eröffnet das neue Planetarium in neuem Glanz und auf höchstem Stand der Technik. Mehrmals täglich werden dann Sternenshows und »Reisen ins Universum« gezeigt.

201 10th St. W.; www. southfloridamuseum.org; Di–Sa 10–17, So 12–17 Uhr, Jan.–April und Juli auch Mo; Eintritt 16 $, Kinder 12 $

SERVICE

Auskunft   ⸺> S. 77, b 4
Bradenton Area Convention & Visitors Bureau
P.O. Box 1000 Bradenton, FL 34206; Tel. 941/729-9177, 800/4-MANATE; www.floridasgulfislands.com

Cabbage Key   ⸺> S. 116, A 17

Ausschließlich per Boot ab Pine Island erreichen Sie die malerische Cabbage Key. Auf einem uralten Grabhügel der Calusa-Indianer steht das kleine Hotel **Cabbage Key Inn**. Im urgemütlichen Speisesaal haben Gäste die Wand mit signierten Dollarnoten bespickt. Dem Vernehmen nach soll ein Seemann mit dieser auf 20 000 $ geschätzten »Tapete« angefangen haben, um beim nächsten Besuch Bares zu haben.

Tel. 239/283-2278; www.cabbagekey. com; 6 Zimmer, 7 Hütten ●●●
210 km südl. von Tampa

Corkscrew Swamp Sanctuary   ⸺> S. 116, B 17

Traumwanderung nordöstlich von Naples: Ein 3 km langer Sumpfsteg führt durch ein weitgehend unberührtes Feuchtgebiet mit einem der größten und schönsten, farn- und orchideenbewachsenen Zypressenwälder Floridas, in dem bis zu 500 Jahre alte Sumpfzypressen wachsen.

CR 846; www.corkscrew.audubon.org; tgl. 7–19.30 (Sommer), 7–17.30 Uhr (Winter); Eintritt 10 $, Kinder 4 $
270 km südl. von Tampa

Fakahatchee Strand State Park   ⸺> S. 116, B 18

Auf einem ca. 1 km langen Holzsteg wandert man vom Tamiami Trail durch einen dichten Tropenwald mit abwechslungsreicher Vegetation, ausgedehnten Sümpfen und unberührten Zypressenbeständen.

US Hwy 41, 11 km westl. der Kreuzung mit SR 29; tgl. 8 Uhr–Dämmerung; Eintritt frei
300 km südöstl. von Tampa

Fort Myers 👫   ⸺> S. 116, B 17
61 000 Einwohner

Fort Myers Reputation als international bekanntes Ferienziel liegt nicht zuletzt an den beliebten Stränden von Sanibel Island und Fort Myers Beach. Reiner weißer Sand und sanft abfallende Uferlinien machen das 27 km entfernt liegende **Fort Myers Beach** auf Estero Island zu einem beliebten Badeort. Während des »Spring Break«, wenn die frühjahrstollen College-Studenten Ferien

machen, finden pausenlos irgend-
welche Strandaktivitäten wie Bikini-
Schönheitswettbewerbe, Strandvol-
leyball-Turniere etc. statt.
200 km südl. von Tampa

HOTELS/ANDERE UNTERKÜNFTE
Homewood Suites
Das Suitenhotel für die ganze Familie
liegt im Bell Tower Mall Complex.
5255 Big Pine Way; Tel. 239/275-6000,
800/225-5466; www.homewoodsuites
ftmyers.com; 130 Suiten ●● &

SEHENSWERTES
Airboat & Alligators
Einstündige Rundfahrt auf dem unverbauten Lake Trafford, Alligator-
sichtungen garantiert.
6001 Lake Trafford Rd., Zufahrt ab Ausfahrt 138 der I-75 über SR 82 (Immokalee
Rd.); Tel. 239/657-2214, 866/657-2214;
Fahrt 35 $, Kinder 20 $

Lovers Key State Park 👫
Südöstlich des belebten Fort Myers
Beach finden Sie fernab des Trubels einen der besten, naturnahen Badestrände der Golfküste, samt Picknick-
plätzen und Naturpfaden. Der 4 km
lange, weiße Sandstrand, das dichte
Mangrovengewirr und das seichte,
warme Meerwasser vermitteln ein viel-
fältiges Landschaftsbild. Großen Spaß
macht eine Tour per Leihkanu.
8700 Estero Blvd.; Tel. 239/314-0110;
tgl. 8 Uhr–Dämmerung; Eintritt 5 $/
Wagen; Fahrrad 18 $, Kanu 40 $ je 4 Std.

MUSEEN
Edison-Ford Winter Estates
Während Thomas Alva Edisons win-
terlicher »Arbeitsurlaube« in der
Seminole Lodge erblickten über tausend bedeutende Erfindungen das
Licht der Welt. Das Museum birgt Edisons original eingerichtetes Labor aus
den Zwanzigerjahren. Majestätisch
erhebt sich im Garten ein riesengro-
ßer Banyan-Baum. Ebenso prachtvoll
ist die Zufahrt auf der kilometerlang
mit Königspalmen gesäumten Allee.

2350 McGregor Blvd.; tgl. 9–17.30, So
12–17.30 Uhr; Eintritt 20 $

**Southwest Florida Museum
of History**
Eine besondere Betonung der Ausstellungen zur Geschichte Fort Myers
und des südwestlichen Florida liegt
auf den Indianerkulturen, den spanischen Erforschern und den frühen
Siedlern.
2300 Peck St.; Di–Sa 10–17, So 12–
16 Uhr; Eintritt 10 $

AM ABEND
Broadway Palm Dinner Theatre
Dinner-Theater, in dem Broadway-
Komödien und Musicals aufgeführt
werden.
1380 Colonial Blvd.; Tel. 239/278-4422,
800/475-7256; www.broadwaypalm.
com; Di–So Dinner Buffet 17.30, Mi
und Sa Lunch Buffet 11.45 Uhr; nur
Show 25 $, Lunch Show 45 $, Dinner
Show 49–52 $

SERVICE
Auskunft
**Lee County Visitor &
Convention Bureau**
12800 University Dr., Suite 550;
Tel. 239/338-3500, 800/237-6444;
www.fortmyers-sanibel.com

Myakka River State Park
⸱⸱⸱⟩ S. 114, B 16

Bereits die Fahrtroute auf der Parkstraße unter einem dicht bewachse-
nen Blätterdach aus Eichen ist
prachtvoll. Feuchtland, Prärien und
dichte Wälder begleiten den Myakka
River. Eine Bootstour mit dem
70 Personen fassenden Airboat um-
rundet den Upper Myakka Lake.
SR 72, 22 km östlich von Sarasota;
tgl. 8 Uhr–Dämmerung, Airboat-Fahrten
tgl. 10, 11.30, 13 Uhr (Airboat 10 $, Kin-
der 5 $); Eintritt 5 $/Wagen
115 km südl. von Tampa

Naples   ⤳ S. 116, A 17

22 000 Einwohner

An der Prachteinkaufsstraße 5th Avenue liegen schicke Boutiquen und Kunstgalerien für gehobene Ansprüche und gefüllte Geldbeutel. Die kilometerlangen Sandstrände des nördlich an den Vanderbilt Beach angrenzenden **Delnor-Wiggins Pass State Park** (tgl. 8 Uhr–Dämmerung; Eintritt 5 $/Wagen) gehören zu den schönsten an der Golfküste. Die Zufahrt zur **Barefoot Beaches Preserve** erfolgt von Bonita Beach über eine Stichstraße nach Süden. Die Inselspitze ist auf ihrer 1,5 km langen Südspitze bis zum Wiggins Pass völlig unerschlossen.

260 km südl. von Tampa

Hotels/andere Unterkünfte

Lemon Tree Inn
Schöne, palmenbestandene Hotelanlage in Old Naples. Beheizter Swimmingpool.
250 Ninth St. S.; Tel. 239/262-1414, 888/800-5366; www.lemontreeinn.com; 34 Zimmer ●●

Sehenswertes

Rookery Bay National Estuarine Research Reserve (NERR)
In der Rookery Bay 8 km südlich wandern Sie auf einem kurzen Sumpfsteg in das Mangrovendickicht. Das Environmental Learning Center bietet Infos.
Zufahrt über SR 951 und Abzweigung Shell Island Rd; www.rookerybay.org; Mo–Sa 9–16 Uhr; Eintritt 5 $, Kinder 3 $

Einkaufen

Tin City
Mit dem Charme des alten Downtown Naples lockt der Tin City Waterfront Marketplace. Etwa 30 Geschäfte und Restaurants in restaurierten Bootshäusern an der Naples Bay.
US Hwy 41/Goodlette Rd.; www.tin-city.com; Mo–Sa 10–21, So 12–17 Uhr

Service

Auskunft
Naples Area Chamber of Commerce
2390 Tamiami Trail N.;

Auf der prachtvollen Einkaufsmeile an der 5. Avenue in Naples flaniert man unter Palmen und entlang schöner viktorianischer Gebäude.

Tel. 239/262-6141;
www.napleschamber.org

....

Sarasota   ⇢ S. 114, A 15
53 000 Einwohner

Bezaubernde Strandinseln machen Sarasota zum beliebten Urlaubsziel. Auf der Fahrt zu den Stränden präsentiert das vorgelagerte **St. Armands Key** reichlich »shopping, dining, and nightlife«. Die nördlich anschließende **Longboat Key** verwöhnt Besucher mit üppiger Vegetation, gepflegten Villen, Golf- und Tennisplätzen sowie exklusiven Hotels und Restaurants mit Blick auf das Meer. Zu den ruhigen Stränden finden Sie allerdings nur wenige Zugänge und Parkplätze.

Die schönsten Ufer und Lagunen besitzt die durch eine Meerenge abgetrennte **Siesta Key**. Besonders populär ist der nahezu muschellose weiße Sandstrand am Siesta Public Beach zwischen den beiden Inselzufahrten, der 2007 als einer der zehn schönsten Strände der USA ausgezeichnet wurde.

»Haizahn-Hauptstadt der Welt« gilt als berechtigter Beiname der südlich von Sarasota gelegenen Stadt **Venice**, weisen doch ihre Strände bedeutende Konzentrationen von fossilierten Haizähnen auf.

95 km südl. von Tampa

HOTELS/ANDERE UNTERKÜNFTE
Tropical Shores Beach Resort
Großzügige Apartments, eingebettet in tropische Parkanlagen. Nahe Crescent Beach und anderen schönen Sandstränden.
6717 Sara Sea Circle; Tel. 941/349-3330, 800/235-3493; www.tropicalshores.com, 48 Zimmer ●●●

SEHENSWERTES
Marie Selby Botanical Gardens
In Gewächshäusern, malerischen Gärten, einem Hibiskusgarten und Palmenständen gedeihen exotische Gewächse aus aller Welt. Als Glanzpunkt beeindrucken die herrlichen Orchideen und Aufsitzerpflanzen im Tropical Display House.
811 S. Palm Ave.; www.selby.org; tgl. 10–17 Uhr; Eintritt 12 $

Mote Aquarium 👥
Neben den Becken mit über 200 Salzwasserfischarten gehört das große Hai-Außenbecken und die »touch tanks«, wo Besucher Seetiere anfassen dürfen, zu den Attraktionen des Aquariums.
1600 Ken Thompson Parkway; www.mote.org; tgl. 10–17 Uhr; Eintritt 17 $, Kinder 12 $

MUSEEN
John and Mable Ringling Museum of Art
Das im italienischen Renaissancestil erbaute Kunstmuseum besitzt eine überragende Sammlung barocker sowie zahlreiche weitere europäische Gemälde, griechische und römische Skulpturen. Im Skulpturengarten stehen Nachbildungen berühmter Werke, darunter eine Bronzestatue von Michelangelos »David«. Einen knappen Kilometer vom Eingang des Gesamtkomplexes prangt das »Ca' d'Zan«, der 1926 im venezianischen Stil erbaute 30-Zimmer-Palast der Ringlings.
5401 Bayshore Rd.; www.ringling.org; tgl. 10–17.30 Uhr; Eintritt 20 $

ESSEN UND TRINKEN
Michael's on East
Bistro mit kreativer amerikanischer Küche, die auch dem verwöhntesten Gaumen mundet. Wein- und Bierauswahl sind vorzüglich.
1212 East Ave. S.; Tel. 941/366-0007
●●●

SERVICE
Auskunft
Sarasota Convention & Visitors Bureau
701 N. Tamiami Trail; Tel. 941/957-1877, 800/522-9799; www.sarasotafl.org

Routen und Touren

Das Naturschutzgebiet Big Cypress National Preserve in den Everglades (→ S. 61) lässt sich auf einer Airboat-Tour erkunden – Geschwindigkeitsrausch inklusive.

Ebenso vielseitig und abwechslungsreich wie Florida selbst ist auch das Angebot an Touren-vorschlägen. Ein eigener (Leih-)Wagen ist aller-dings unverzichtbar.

Die Nordwestküste – von Pensacola nach Tallahassee

Charakteristik: Gemächliche Südstaatenatmosphäre, ausgedehnte Kiefernwälder und kaum besuchte Fischerdörfer kennzeichnen diese Strecke; **Auskunft:** Tallahassee Area Convention & Visitors Bureau, 106 E. Jefferson St., Tallahassee, FL 32301; Tel. 850/606-2305, 800/628-2866; www.visittallahassee.com; **Dauer:** 4 Tage; **Länge:** knapp 400 km; **Einkehrmöglichkeiten:** Atlas Oyster House, Boar's Head Restaurant, Riverside Café; **Karte:** ···≻ S. 108, C 3–S. 111, D 6

Pensacola, die größte Stadt des »Panhandle« (»Pfannenstiel«) genannten floridianischen Nordwestens, lag am Schnittpunkt britischer, französischer und spanischer Einflusssphären und wechselte in ihrer bewegten Geschichte mehrmals den Besitzer. Die spanischen Straßennamen in der natürlich gewachsenen Altstadt rund um den charmanten **Seville Square** mit Restaurants, Geschäften, Museen und Kunstgalerien erinnern daran. Einige gepflegte, ältere Gebäude können Sie im **Historic Pensacola Village** besichtigen (Zaragoza St. zwischen Adams St. und Tarragona St.; Mo–Sa 10–16 Uhr; Eintritt 6 $). Zu den lokalen Delikatessen gehören Austern. Diese bietet Ihnen in sämtlichen Zubereitungsarten das **Atlas Oyster House** (600 S. Barracks St.; Tel. 850/437-1961).

Die meistbesuchte Attraktion der Stadt ist das der Pensacola Naval Air Station angegliederte **National Naval Aviation Museum** (tgl. 9–17 Uhr; Eintritt frei). Das weltgrößte Marinefliegermuseum zeigt über 150 Militärflugzeuge.

Pensacola ···≻ Destin

Auf der vorgelagerten **Santa Rosa Island** locken im Naturschutzgebiet der Gulf Islands National Seashore sehr schöne, dünengesäumte und bis auf eine ausgebaute Badebucht völlig unerschlossene Meeresufer. In den beiden Badeorten **Navarre Beach** und **Pensacola Beach** konzentriert sich die touristische Infrastruktur. Das Westende der Insel nimmt die 1834 fertig gestellte, sternförmige Festung **Fort Pickens** (tgl. 8 Uhr–Sonnenuntergang, wegen Schäden durch die Hurrikane Ivan bzw. Dennis Zugang nur zu Fuß oder per Rad) ein, die im Bürgerkrieg 600 Unionssoldaten beherbergte.

Die ersten größeren Städte hinter Pensacola sind **Fort Walton Beach** und **Destin**. Beide sind nur durch die Destin Bridge voneinander getrennt (die im Übrigen wunderbare Fotomotive auf den Destin Harbor bietet) und inzwischen zu einer dynamischen Tourismusregion verschmolzen. Unter dem Namen »Emerald Coast«, smaragdgrüne Küste, genießen die kilometerlangen Sandstrände größte Popularität. Beide Städte sind Zentren für Wassersport, Angel- und Segelausflüge sowie Tauchtrips. Das **Gulfarium** 👫 am Ostrand von Fort Walton Beach (US Hwy 98; tgl. 9–18 Uhr; Eintritt 19 $, Kinder 11 $) präsentiert einen Querschnitt durch die Meeresfauna und zeigt Seelöwen- und Delfinshows.

Destin ···≻ Panama City Beach

Östlich von Destin erleben Sie entlang der Küstenstraße 30A das ruhigere Florida mit seinen wunderschönen weißen Sandstränden. Ein Höhepunkt unterwegs ist der **Grayton Beach State Park** 👫 (tgl. 8 Uhr–Dämmerung; Eintritt 4 $ pro Wagen), dessen naturbelassener Badestrand zu den schönsten Floridas zählt. Ein Naturlehrpfad führt durch Dünen, Buschwerk und Wald. Wenig später trifft man auf das attraktive **Seaside**, das sich mit seinen pastellfarbenen Ferienhäusern vor dem breiten Strand deut-

Anschaulich präsentieren die Exponate des National Naval Aviation Museum in Pensacola die Geschichte der US-Marinefliegerei.

lich von den meisten anderen Touristenorten abhebt. In der auf dem Reißbrett entstandenen Ansiedlung wurde gänzlich auf Betonbauten und Hochhäuser verzichtet.

Panama City Beach ⸱⸱⸱⟩ Port St. Joe

Panama City Beach ist der wohl bekannteste Ort an der Nordwestküste. Wer Ruhe sucht, ist hier fehl am Platz. Tagsüber sorgt das riesige Wassersportangebot für die nötige Abwechslung. Abends ist überall Nightlife angesagt. Dinner mit Steak oder Fisch serviert **Boar's Head Restaurant and Tavern** (17290 Front Beach Rd.; Tel. 850/234-6628) am Westende der Stadt. Im Herzen der belebten »Miracle Mile« bietet der große **Shipwreck Island Waterpark** 👫 (12201 Middle Beach Rd.; Ende Mai–Anfang Sept. tgl. 10–16.30 Uhr; Eintritt 32 $, Kinder 27 $) sechs verschiedene »Landschaften« mit Wellen, Wasserfällen und Kinderplantschbecken. Das **Museum of Man in the Sea** (17314 Panama City Beach Parkway; tgl. 10–16 Uhr; Eintritt 5 $) erzählt die Geschichte des Tauchens ab dem 16. Jh., zeigt Gegenstände aus den Anfangstagen des Sporttauchens und vom Grund des Meeres geborgene Schätze. Der **St. Andrews State Park** 👫 (tgl. 8 Uhr bis Dämmerung; Eintritt 5 $ pro Wagen) am äußersten Ostzipfel von Panama City Beach besitzt einen der schönsten Badestrände Floridas. Vom Park aus startet das Fährboot Shell Island Shuttle (tgl. halbstündl. zw. 9 und 17 Uhr; Hin- und Rückfahrt 15 $, Kinder 7 $) zur unbewohnten, muschelreichen **Shell Island** an der Öffnung der St. Andrews Bay. Auch Captain Anderson's Cruises (5550 N. Lagoon Dr.) setzt Fährboote (Tel. 850/235-4004; tgl. 9–12 u. 13–16 Uhr; Hin- und Rückfahrt 18 $, Kinder 10 $) zur Insel ein.

Port St. Joe ⸱⸱⸱⟩ St. George Island

Direkt hinter Port St. Joe führen die beiden Highways 30A und 30E zum **St. Joseph Peninsula State Park** 👫 (tgl. 8 Uhr bis Dämmerung; Eintritt 4 $ pro Wagen), ein Stück unerschlossene Natur mit einem der besten Strände der gesamten Vereinigten Staaten. Als geduldige Fotomotive im Park erweisen sich die auf Pfählen und Piers sitzenden Pelikane. Hervorragend sind die Wanderwege, vom kurzen Natur-

Schneeweiße Sandstrände säumen die Küstenstraße 30 A östlich von Destin.

lehrpfad bis zur 11 km langen Tour an die Spitze der einsamen, lang gestreckten Halbinsel.

Westlich von Eastpoint führt ab dem US Hwy 98 die Bryant Patton Bridge nach **St. George Island**. Abseits jeden Durchgangsverkehrs bietet die Insel neben kleinen Hotels und einer Hand voll Restaurants nur noch Ferienhäuser und weitläufige fantastische Strände. Im St. George Island State Park (tgl. 8 Uhr bis Dämmerung; Eintritt 5 $ pro Wagen) im Ostteil der Insel sind die Dünen stellenweise quer über die schmale Insel von der Golfseite zum Inland gewandert.

St. George Island ⇢ Tallahassee

In Tully verlassen Sie den US Hwy 98 und folgen der SR 61 zum **Edward Ball Wakulla Springs State Park** 👫 (tgl. 8 Uhr bis Dämmerung; Eintritt 4 $ pro Wagen), wo Sie mit einem kleinen Sandstrand und einer Schwimminsel inmitten üppiger subtropischer Vegetation eines der schönsten Naturfreibäder Floridas vorfinden. Auf der anderen Seite des durch Bojen vom Quellteich abgetrennten Schwimmbades beginnt das Reich der Alligatoren und Schildkröten. Eine Bootstour (Eintritt 6 $, Kinder 4 $ 👫) auf dem glasklaren Fluss durch urwüchsige Natur zählt zu den attraktivsten in Florida.

In Floridas Hauptstadt **Tallahassee** erstrahlt das **Old State Capitol** (Monroe St./Apalachee Parkway; tgl. 9–16.30 Uhr, Sa, So 12–16.30 Uhr; Eintritt frei), das 1845 erbaute, kuppelbesetzte Regierungsgebäude, sehr hübsch renoviert. Ausstellungen befassen sich mit der Geschichte des Staates. Schräg gegenüber genießt man vom 22. Stockwerk des neuen **State Capitol** (St. Duval St.; Mo–Fr 8–17 Uhr; Eintritt frei) eine Panoramasicht bis zum Golf von Mexiko. Das **Museum of Florida History** (500 S. Bronough St.; tgl. 9–16.30 Uhr, Sa ab 10 Uhr, So ab 12 Uhr; Eintritt frei) in der Nähe der Regierungsgebäude vermittelt anhand historischer und archäologischer Kunst- und Gebrauchsgegenstände ein umfassendes Bild des frühen Florida. Das 1930 aus den Wakulla Springs geborgene Skelett eines etwa 12 000 Jahre alten Mastodons gehört zu den Höhepunkten.

Zwei Touren bieten sich von **Tallahassee** an. Folgen Sie den **Canopy Roads**. Ob Old Bainbridge Road im Nordwesten, Meridian Road im Norden, Old St. Augustine Road im Südosten oder insbesondere die Kombination aus Centerville Road und Miccosukee Road im Osten, sie alle sind einen Ausflug wert. Über den wunderschönen Alleen formen uralte moosbehangene Eichen ein grünes Blätterdach. Von 1837 bis 1984 verband eine 25 km lange Schienenstrecke Tallahassee mit **St. Marks**. Heute können Sie auf der asphaltierten ehemaligen Bahntrasse schöne Fahrradausflüge unternehmen (Fahrradverleih in Tallahassee). Am malerischen Flussufer von St. Marks speist man hervorragend im Riverside Café (69 Riverside Dr.; Tel. 850/925-5668).

Mit dem Auto rund um Gainesville – klare Quellen und geologische Glanzpunkte

Charakteristik: Von einer Football-verrückten Universitätsstadt zur entspannenden Beschaulichkeit klarer Quellflüsse; **Auskunft:** Alachua County Visitors & Convention Bureau, 30 E. University Ave., Gainesville, FL 32601; Tel. 352/374-5260, 866/778-5002; www.visitgainesville.com; **Dauer:** 3 Tage; **Länge:** ca. 150 km; **Einkehrmöglichkeiten:** Emiliano's Café, Market Street Pub, Station Bakery & Café, Floyd's Dinner; **Karte:** ⸱⸱⸱⟩ S. 112, B/C 11

Mit 46 000 Studenten ist die University of Florida in **Gainesville** die größte Universität Floridas und die fünftgrößte der USA. Sie besitzt mit den »Gators« eines der erfolgreichsten Football-Teams des Landes. Auf dem Campus der Universität befindet sich das **Florida Museum of Natural History** mit einer der größten naturgeschichtlichen Sammlungen Floridas. Schwerpunktmäßig befassen sich die Ausstellungen mit den frühen Indianern, den Fossilien und der biologischen Vielfalt Nordfloridas (S.W. 34th St./Hull Rd.; Mo–Sa 10–17, So 13–17 Uhr; Eintritt frei). Das benachbarte **Harn Museum of Art** ist ebenfalls auf dem Campus zu finden. Ausstellungen des modernen Kunstmuseums zeigen u. a. zeitgenössische Werke asiatischer Künstler (Di–Fr 11–17, Sa 10–17, So 13–17 Uhr; Eintritt frei).

Zur Übernachtung bietet sich das **Paramount Plaza Hotel** an. Zu seinen Annehmlichkeiten zählen der Swimmingpool und die Sonnenterrasse mit Blick auf den Bivens Arm Lake (2900 S.W. 13th St.; Tel. 877/992-9229; www.paramountplaza.com; 197 Zimmer ●●).

Im Herzen von Downtown serviert **Emiliano's Café and Bakery** auf seiner Straßenterrasse u. a. innovative karibische Küche (7 S.E. First Ave.; Tel. 352/375-7381 ●●). Ganz in der Nähe verspricht der **Market Street Pub** Unterhaltung, immer ein gutes Bier und am Wochenende Livemusik (120 SW 1st Ave.; Tel. 352/377-2927).

Paynes Prairie Preserve und Devil's Millhopper Geological Site

Zwei kurze Ausflüge führen in die Natur der Umgebung. Südlich der Stadt erstreckt sich das Naturschutzgebiet **Paynes Prairie Preserve State Park**. An seiner Südseite (US Hwy 441, 2 km nördlich von Micanopy; tgl. 8 Uhr bis Dämmerung; Eintritt 4 $ pro Wagen) liegen Parkinfo und Aussichtsturm, von dem Sie auch die Bisonherde im Park beobachten können. An der Nordseite ab North Rim Interpretive Center (Zufahrt über 15th St. S.E.) führt der La Chua Trail nach kurzem Weg zu einem See, an dessen Ufer sich viele Alligatoren sonnen.

Im **Devil's Millhopper Geological State Park**, nordwestlich der Stadt gelegen (4732 Millhopper Rd.; Mi–So 9–17 Uhr; Eintritt 2 $ pro Wagen), ist durch den Einbruch einer großen **Kalksteinhöhle** eine 150 m breite und 37 m tiefe Bodensenke entstanden. Bedingt durch das neue Mikroklima siedelte sich am Boden daraufhin eine üppige Vegetation an, wie sie ansonsten nur weiter nördlich in den Schluchten der Appalachen-Mittelgebirgsregionen vorkommt. Ein knapp ein Kilometer langer Wanderweg umrundet den oberen Rand; über Treppenstufen gelangen Sie zum Boden der Schlucht.

Gainesville ⸱⸱⸱⟩ Santa Fe River

Die rund 150 km lange Rundfahrt von/bis Gainesville passiert zunächst am US Hwy 441 das hübsche Örtchen **High Springs,** wo Sie zahlreiche Antiquitätengeschäfte nach Brauchbarem durchstöbern können. Zum gemütlichen Frühstück setzt man sich in die **Station Bakery & Cafe** (20 NW Railroad Ave., Tel. 386/454-4943). Dieses kleine Cafe befindet sich im historischen Bahnhofsgebäude von High Springs und bietet Kuchen, Kekse, Eis und leckere Sandwiches. Wer in der Umgebung von High Springs anschließend paddeln möchte, hat bereits beim Santa Fe Canoe Outpost (siehe unten) ein Kanu reserviert. Wer auf Neonbeleuchtung und nostalgischer Jukebox steht, geht zu **Floyd's Diner** (615 NW Santa Fe Blvd.; Tel. 386/454-5775). Big Burger sind der Hit des im 1950er-Jahre-Stil gehaltenen Lokals. Hübsch im Grünen liegt **The Rustic Inn Bed & Breakfast** mit sechs verschieden eingerichteten Zimmern (15529 NW State Road 45; Tel. 386/454-1223; www.rusticinn.net ●●).

Santa Fe River ⋯⇥
Ichetucknee Springs State Park

Folgen Sie dem US Hwy 441 etwas nördlich von High Springs bis zur Brücke über den **Santa Fe River** 🚶🚶. Der Kanuverleih im Santa Fe River Canoe Outpost (Tel. 386/454-2050; tgl. geöffnet) organisiert verschiedene Touren in der Umgebung. Die schönste folgt dem Santa Fe River kilometerlang durch unerschlossene Naturlandschaften – ein unvergessliches Urlaubserlebnis (ab 28 $ pro Kanu).

Vom US Hwy 441 biegt eine Stichstraße in den **O'Leno State Park** 🚶🚶 (tgl. 8 Uhr bis Dämmerung; Eintritt 4 $ pro Wagen) ab, in dem Sie ein interessantes Naturphänomen beobachten können. Innerhalb des Parks fließt der Santa Fe River etwa 5 km unterirdisch weiter. Folgen Sie dem Santa Fe River Trail zu der Stelle, wo der breite Fluss vor einem natürlichen Erddamm gurgelnd ins Erdinnere verschwindet. In seinem weiteren Verlauf bietet der 2 km lange Rundweg schöne Aussichten auf den Fluss, auf dem Rückweg überqueren Sie eine Hängebrücke.

Ichetucknee Springs State Park ⋯⇥
Ginnie Springs Resort

Über CR 18 und CR 238 erreichen Sie den **Ichetucknee Springs State Park** 🚶🚶 (tgl. 8 Uhr bis Dämmerung; Eintritt 5 $ pro Wagen). Gespeist von konstant 23 °C warmem Quellwasser, windet sich der Ichetucknee River zwischen ausgedehnten Sümpfen und dichten Wäldern durch eine urtümliche Natur. Die bequeme einstündige Exkursion auf dem kristallklaren Fluss gehört zu den schönsten Kanutouren Floridas. Vom Kanueinlass am Nordeingang des Parks führt ein kurzer Wanderweg zum bläulich grün schimmernden Quellsee Ichetucknee Springs und dem Blue Hole, einem Badesee.

Der **Ichetucknee River** 🚶🚶 ist auch ein idealer Fluss zum »tubing«, bei dem man sich auf einem großen Gummireifen gemächlich treiben lässt. Wegen der großen Popularität wird die Anzahl der »tubers« im Hochsommer begrenzt. Kostenlose Pendelbusse sorgen jeweils für den Rücktransport. Tube- und Kanuverleih bei Ichetucknee Family Canoe & Cabins (Tel. 386/497-2150; Tubes ab 4 $, Kanus ab 16 $).

Ginnie Springs Resort ⋯⇥ Blue Springs

CR 47 und CR 340 führen Sie zum **Ginnie Springs Outdoors** (7300 N.E. Ginnie Springs Rd.; Tel. 386/454-7188; tgl. 8–20 Uhr; Eintritt 12 $). Sieben kristallklare, 22 °C warme Quellen ergießen sich in den Santa Fe River. Taucher können hier die Unterwasserhöhlen erforschen, Tauch- bzw. Schnorchelausrüstung gibt es auch zu leihen. Alternativ »tuben« Sie (6 $ pro Tag) oder fahren per Kanu (25 $ pro Tag) auf dem Santa Fe River.

Ebenfalls an der CR 340 liegen die **Blue Springs** 🚶🚶 (Tel. 386/454-1369; tgl. 8–18 Uhr; Eintritt 10 $), eine 22 °C warme Quelle, herrlich zum Baden. Oder man wandert den schönen, nur knapp 500 m langen Holzsteg von der Quelle zum Santa Fe River.

EVERGREEN
MIT EVERGLADES.

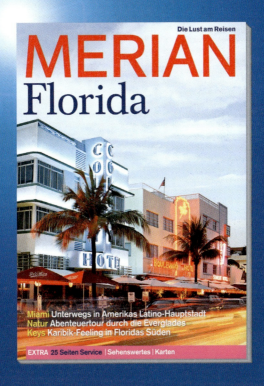

Wissenswertes über Florida

Von ihren farbenfrohen Beobachtungsposten aus überwachen die Bademeister von South Beach, Miami (→ S. 51), den breiten Sandstrand.

Florida im Überblick: viele nützliche Informationen zur Reisevorbereitung und für den Aufenthalt vor Ort. Mit Geschichtstafel, Internetadressen, Reiseknigge und Verkehrsverbindungen.

Jahreszahlen und Fakten im Überblick

1492
Christoph Kolumbus erreicht Amerika. »Midden mounds« (mit Muscheln und Abfällen aufgeschüttete Hügel) dokumentieren Floridas vorkolumbianische Besiedlung.

1513
Juan Ponce de León landet zu Ostern (span. »Pascua florida«) in der Nähe von St. Augustine. Nach europäischer Tradition nimmt er das Land unter dem Namen Florida für die spanische Krone in Besitz.

1528
Nach der Ankunft in der Tampa Bay zieht eine spanische Expedition unter Pánfilo de Naváez unter verheerenden Verlusten nach Norden.

1539
Ebenfalls ab der Tampa Bay schlägt die große Streitmacht des Spaniers Hernando de Soto mit starkem Aderlass eine nordwärtige Route ein.

1559
Der erste spanische Siedlungsversuch unter Don Tristan de Luna y Arellano in der Pensacola Bay wird nach zwei Jahren abgebrochen.

1564
René de Goulaine de Laudonnaire gründet das französische Fort Caroline bei Jacksonville.

1565
Pedro Menéndez de Avilés begründet mit St. Augustine die älteste durchgehend besiedelte Stadt nördlich von Mexiko. Zugleich lässt der spanische Admiral die französische Konkurrenz in Fort Caroline vernichten.

1586
Der englische Freibeuter und Kapitän Sir Francis Drake setzt St. Augustine in Flammen.

1622
Die mit wertvollen Schätzen beladenen spanischen Galeonen »Nuestra Señora de Atocha« und »Santa Margarita« sinken in einem Hurrikan vor Florida.

1704
Englische Soldaten und Creek-Indianer überfallen den Norden Floridas. Die bedrohten Bewohner verlassen mit San Luis de Talimali in Tallahassee die größte Mission Floridas.

1763
Spanien tritt Florida an Großbritannien ab.

1783
Nach der britischen Niederlage im Nordamerikanischen Unabhängigkeitskrieg fällt Florida erneut an das spanische Königreich.

1818
Im ersten Seminolenkrieg vertreibt die US-Armee unter General Andrew Jackson die Seminolen und erobert die spanischen Forts St. Marks und Pensacola.

1821
Florida wechselt völkerrechtlich in US-Besitz.

1837
General Thomas Sidney Jesup verhaftet im zweiten Seminolenkrieg den unter Zusicherung freien Geleits eingetroffenen Indianerführer Osceola. Durch die Guerillataktik der Seminolen erleidet die US-Armee mehr Verluste als während der Indianerkriege im Westen.

1838
Im Seminolenkrieg errichtet Major William Lauderdale das nach ihm benannte Fort als Keimzelle der heutigen Großstadt.

1861–1865
Im Sezessionskrieg (Bürgerkrieg) zwischen den konföderierten Staaten (Südstaaten) und den Unionsstaaten (Nordstaaten) finden im konföderierten Florida kaum Kämpfe statt. Lediglich Key West bleibt auf Unionsseite.

1886
Don Vicente Martinez Ybor eröffnet die erste Zigarrenfabrik in Tampa, das bis zur Jahrhundertwende zum weltgrößten Zigarrenproduktionsort wird.

1894
Eisenbahnmagnat Henry M. Flagler, als Partner von John D. Rockefeller im Ölgeschäft zu Reichtum gekommen, führt die »Florida East Coast Railroad« bis West Palm Beach und errichtet die ersten Luxushotels auf Palm Beach. Zwei Jahre später wird die Linie bis zur kleinen Ansiedlung Miami verlängert.

1914
Die Geburtsstunde der kommerziellen Luftfahrt zwischen zwei Städten schlägt am 1. Januar, als Tony Jannus in einem Benoist-Wasserflugzeug die Tampa Bay von St. Petersburg nach Tampa überfliegt.

1933
Florida hat Kalifornien endgültig überflügelt und ist der größte Zitrusproduzent der USA.

1935
Mit 485 km/h stellt Sir Malcolm Campbell im »Bluebird Special V« auf dem Strand von Daytona Beach einen Auto-Geschwindigkeitsweltrekord auf.

1947
Der Everglades National Park ist der erste Nationalpark in Florida.

1959
Nach der Machtübernahme von Fidel Castro in Kuba schwappt die erste kubanische Flüchtlingswelle nach Florida über.

1969
Apollo 11 startet vom Kennedy Space Center, den Astronauten Neil Armstrong und Edwin Aldrin gelingt die erste bemannte Mondlandung.

1971
Mickey Mouse hält Einzug in Florida – in Orlando eröffnet Disney World.

1986
Bei der größten Katastrophe der US-Raumfahrtgeschichte explodiert der Spaceshuttle »Challenger« nach dem Start und reißt sieben Astronauten in den Tod.

1992
Homestead und Umgebung werden von Hurricane Andrew verwüstet, der bis dato teuersten Naturkatastrophe der US-Geschichte.

2001
Amtsantritt des US-Präsidenten George W. Bush, dessen Bruder bereits Gouverneur von Florida ist.

2002
Ein 15-jähriger Pilot fliegt eine einmotorige Cessna in die Glasfront des Tampas Bank of America Building.

2004
Im September durchqueren vier Hurrikane in nur sechs Wochen den Bundesstaat Florida.

2004
Cypress Gardens, einer der traditionsreichen Parks von Orlando, wird in völlig neuer Form wieder eröffnet.

2008
Silberjubiläum: Vom Kennedy Space Center aus startet die »Endeavour« zum insgesamt 25. Space-Shuttle-Flug zur Internationalen Raumstation ISS. An ihr docken turnusmäßig auch die beiden anderen einsatzfähigen Raumfähren »Atlantis« und »Discovery« an.

Nie wieder sprachlos

Wichtige Wörter und Ausdrücke

Ja	Yes
Nein	No
Bitte	My pleasure, you're welcome
Danke	Thank you
Wie bitte?	Pardon?
Ich verstehe nicht	I didn't understand you
Entschuldigung	Sorry, I beg your pardon, excuse me
Guten Morgen	Good morning
Guten Tag	How do you do
Guten Abend	Good evening
Hallo	Hello
Ich heiße ...	My name is ...
Ich komme aus ...	I'm from ...
Wie geht's?	How are you?
Danke, gut	Thanks, fine
Wer, was, welcher	Who, what, which
Wie viel	How many, how much
Wo ist ...	Where is ...
Wann	When
Wie lange	How long
Sprechen Sie Deutsch?	Do you speak German?
Auf Wiedersehen	Good bye
Bis bald	See you (soon)
Heute	Today
Morgen	Tomorrow

Zahlen

eins	one
zwei	two
drei	three
vier	four
fünf	five
sechs	six
sieben	seven
acht	eight
neun	nine
zehn	ten
einhundert	one hundred
eintausend	one thousand

Wochentage

Montag	Monday
Dienstag	Tuesday
Mittwoch	Wednesday
Donnerstag	Thursday
Freitag	Friday
Samstag	Saturday
Sonntag	Sunday

Mit und ohne Auto

Wie weit ist es nach ...?	How far is it to ...?
Wie kommt man nach ...?	How do I get to ...?
Wo ist ...?	Where is ...?
– die nächste Werkstatt	– the next garage
– der Bahnhof/ Busbahnhof	– the station/ bus terminal
– die nächste U-Bahn-/ Bus-Station	– the station/ bus terminal
– die Touristeninformation	– the tourist information
– die nächste Bank	– the closest bank
– die nächste Tankstelle	– the closest gas station
Wo finde ich einen Arzt/eine Apotheke?	Where do I find a doctor/ a pharmacy?
Bitte volltanken	Fill up, please
Normalbenzin	Regular gas
Super	Super
Diesel	diesel
rechts	right
links	left
geradeaus	straight ahead
Ich möchte ein Auto/ein Fahrrad mieten	I would like to rent a car/bike
Wir hatten einen Unfall	We had an accident
Eine Fahrkarte nach ... bitte	A ticket to ... please
Ich möchte Geld wechseln	I would like to change foreign currency

Hotel

Ich suche ein Hotel	I'm looking for a hotel
– eine Pension	a guesthouse
Ich suche ein Zimmer für … Personen	I'm looking for a room for … people
Haben Sie noch Zimmer frei?	Do you have any vacancies?
– für eine Nacht	– for one night
– für zwei Tage	– for two days
– für eine Woche	– for one week
Ich habe ein Zimmer reserviert	I made a reservation for a room
Wie viel kostet das Zimmer?	How much is the room?
– mit Frühstück	– including breakfast
– mit Halbpension	– half board
Kann ich das Zimmer sehen?	Can I have a look at the room?
Ich nehme das Zimmer	I'd like to have this room
Kann ich mit Kreditkarte zahlen?	Do you accept credit cards?
Haben Sie noch Platz für ein Zelt/ein Wohnmobil?	Is there any space for a tent/an RV?

Restaurant

Die Speisekarte bitte	Could I see the menu please?
Die Rechnung bitte	Could I have the check please?
Ich hätte gern einen Kaffee	I would like a cup of coffee
Auf Ihr Wohl	cheers
Wo finde ich die Toiletten (Damen/Herren)?	Where are the restrooms (ladies/gents)?
Kellner	waiter
Frühstück	breakfast
Mittagessen	lunch
Abendessen	dinner

Einkaufen

Wo gibt es …?	Where do I find …?
Haben Sie …?	Do you have …?
Wie viel kostet das?	How much is this?
Das ist zu teuer	That's too much
Das gefällt mir (nicht)	I like it/I don't like it
Ich nehme es	I'll take it
Geben Sie mir bitte ein Pfund	I would like one pound
Danke, das ist alles	Thank you, that's it
geöffnet/ geschlossen	open/close
Bäckerei	bakery
Kaufhaus	department store
Markt	market
Metzgerei	butcher's
Haushaltswaren	household supplies
Lebensmittelgeschäft	supermarket
Briefmarken für einen Brief/ eine Postkarte nach Deutschland/Österreich/in die Schweiz	stamps for a letter/postcard to Germany/Austria/ Switzerland

Ämter, Banken, Zoll

Haben Sie etwas zu verzollen?	Do you have anything to declare?
Ich möchte einen Reisescheck einlösen	I would like to cash a travellers check
Ich habe meinen Pass/meine Geldbörse verloren	I have lost my passport/my wallet
Ich suche einen Geldautomaten	I am looking for an ATM
Ich möchte nach Deutschland telefonieren	I would like to place a call to Germany

Die wichtigsten kulinarischen Begriffe

A

anchovis: Sardellen
appetizer: Vorspeise

B

bacon: durchwachsener Speck
bagel: festes (jüdisches) Brötchen
barbecue: Grill
beef: Rind
– broth: Fleischbrühe
– wellington: Filet in Brotteig
beer on tap: gezapftes Bier
bisque: Hummer- oder Krebssuppe
boiled: gekocht
borego: Lamm (mexikanisch)
braised: geschmort
brisket: Brust(-stück) vom Rind
broiled: gegrillt
Brussels sprouts: Rosenkohl
bun: weiches Brötchen

C

cabbage: Kohl
calabasa: Kürbis (mexikanisch)
candy: Bonbon, Süßigkeiten
casserole: Eintopfgericht/Topf
catch of the day: fangfrischer Fisch
cauliflower: Blumenkohl
cereal: Getreideflocken, Müsli
cheese cake: Käsekuchen
chicken: Huhn
– fingers: panierte Hühnerfleischstreifen
chives: Schnittlauch
chop: Kotelett
chowder: gebundene Muschel-/
  Fischsuppe
clams: Venusmuscheln
club sandwich: Weißbrot mit Salat-
  blatt, Tomate, Frühstücksspeck,
  Huhn und Mayonnaise
cod: Kabeljau
cole slaw: Krautsalat
corn: Mais
crab: Taschenkrebs
cranberries: Preiselbeeren
cucumber: Gurke
Cumberland sauce: Sauce aus
  Portwein, Orangensaft, Senf und
  Johannisbeergelee

D

Danish (pastry): süßes Gebäck
decaf (coffee): koffeinfreier Kaffee
deli(cacie)s: Delikatessen
dish of the day: Tagesgericht
donut: süßes Schmalzgebäck
dry wine: trockener Wein

E

eggplant: Aubergine
enchilada: mexikanische Tortilla,
  gefüllt mit Fleisch oder Käse
entrée: Hauptgericht

F

French fries: Pommes frites
– toast: in Eiermilch gewendetes,
  gebratenes Toastbrot
fried eggs, sunny side up: Spiegeleier
fruit punch: Fruchtsaftmischung

G

game: Wild
garlic: Knoblauch
ginger ale: Ingwersoda, Getränk
gooseberry: Stachelbeere
grape: Weintraube
gravy: Bratensauce
grits: Grütze, meist aus Mais
ground beef: Rinderhack
guacamole: mexikanische Sauce aus
  Avocado und Zwiebeln

H

haddock: Schellfisch
halibutt: Heilbutt
ham: Schinken
hash browns: gebratene, dünne
  Kartoffelstreifen
herbs: Kräuter/Gewürze
hot chocolate: heißer Kakao
hotchpot: Ragout
house wine: Hauswein

I

ice: Wassereis
– cream: Speiseeis
– cubes: Eiswürfel
– tea: Eistee

J

jam: Marmelade
jellied: in Aspik
jelly: Gelee

L

lamb chop: Lammkotelett
leg of lamb: Lammkeule
liquor: Spirituosen
lime: Limone
lite (light) beer: leichtes Bier
lobster: Hummer
loin: Lendenstück

M

marinated: mariniert
mashed potatoes: Kartoffelmus
meat balls: Hackklößchen
medium (rare): halb durchgebraten, rosa
mesquite chicken: gewürztes mexikanisches Brathähnchen
milk shake: Milchmixgetränk
muffin: Toastbrötchen
mushrooms: Pilze
mussels: Miesmuscheln
mustard: Senf
mutton: Hammel

N

night cap: letzte Bestellung, Schlummertrunk

O

octopus: Tintenfisch
oysters: Austern

P

pancake: Pfannkuchen
pastry: Gebäck
peppers: Paprika
perch: Flussbarsch
pickles: sauer eingelegte Gurken, Blumenkohl, Zwiebeln u. a.
pie: Pastete, Torte
poached eggs: verlorene Eier
pork: Schweinefleisch
porterhouse steak: Rindersteak mit Filet und Knochen
pot-roast: Schmorbraten
poultry: Geflügel

prawns: Garnelen
prime rib: Kotelettstück vom Rind
prunes: Backpflaumen
pumpkin: Kürbis

R

rare: (Steak) nur angebraten, innen noch blutig
refill: kostenloses Nachfüllen beim Kaffee, Soft Drinks oder Wasser
rib: Rippe
roasted: im Ofen gebacken
roll: Brötchen

S

salsa: scharf gewürzte mexikanische Sauce
scallops: Kammmuscheln
scrambled eggs: Rührei
shellfish: Schalentiere
side order: Beilagen
sirloin steak: Lendensteak
smoked: geräuchert
snails: Schnecken
soft drink: nichtalkoholisches Getränk
sole: Seezunge
soy sauce: Sojasauce
sparkling wine: Sekt
spirits: Spirituosen
squash: Gurkenkürbis oder Fruchtsaftgetränk (z. B. *orange squash*)
squid: Tintenfisch
steamed: gedämpft
stewed: geschmort
stuffed: gefüllt
sweet potatoes: Süßkartoffeln

T

taco: gefüllter Maismehlfladen
tenderloin: Filetsteak
trout: Forelle
tuna: Tunfisch
turkey: Truthahn

V

veal: Kalbfleisch
venison: (Rot-)Wild

W

well done: Steak, gut durchgebraten
whipped cream: geschlagene Sahne

Nützliche Adressen und Reiseservice

ANREISE

Floridas Airports

Miami wird von fast jeder bedeutenden europäischen Fluggesellschaft angesteuert. Nonstop-Verbindungen ab Deutschland mit Air Berlin/LTU, Condor oder Lufthansa bestehen auch nach Fort Lauderdale, Fort Myers und Orlando.

Airport-Shuttle-Busse Eine moderne **Leihwagenflotte** der verschiedensten Verleihfirmen erwartet Sie direkt am Flughafen. Ohne Mietwagen kommen für den Transfer zum Hotel bzw. in die Innenstadt neben **Taxis** insbesondere die praktischen Airport-Shuttle-Busse in Frage. In Miami kostet der SuperShuttle nach Miami 14 $, nach Miami Beach 20 $ (Tel. 305/871-2000).

Reisepreise und Schnäppchen

Für die viel beflogenen Transatlantikrouten werben Flugagenturen mit Sonderangeboten oder »Fly & Drive«-Paketen. Reisemagazine veröffentlichen ebenfalls die preiswertesten Flugverbindungen nach Übersee, im Internet z. B. **www.fliegen-sparen.de.** In der Nebensaison erhält man kurz vor dem Abflugtermin Tickets häufig zum Schnäppchenpreis. In Hochsaisonzeiten, an Feiertagen oder in Ferienwochen sollten preisgünstige Flüge allerdings langfristig vorgebucht werden.

Einreiseformalitäten

Alle Reisenden, inklusive Kinder, benötigen einen maschinenlesbaren Reisepass. Bei der Einreise in die USA werden Fingerabdrücke des Reisenden genommen und ein Foto gemacht. Bei Aufenthalten über drei Monaten oder Einreise ohne Rück- bzw. Anschlussflugticket benötigen USA-Besucher ein Visum.

Telefonnummern für die Rückflugbestätigung

Air Berlin/LTU 866/266-5588
Air France 800/237-2747
American 800/433-7300
Austrian Airlines 800/843-0002
British 800/247-9297
Condor 800/524-6975
Continental 800/523-3273
Delta 800/221-1212
Icelandair 800/223-5500
KLM 800/225-2525
Lufthansa 800/399-5838
Martinair 800/627-8462
Northwest 800/225-2525
Swiss 877/359-7947
United 800/864-8331
US Airways 800/428-4322

⤙⤐ S. 111, D 6

AUSKUNFT
In den USA
Visit Florida
661 E. Jefferson St.,Tallahassee,
FL 32301; Tel. 850/488-5607, 888/7-FLA-
USA (888/735-2872), Fax 850/224-9589;
www.visitflorida.com

In Deutschland
Fremdenverkehrsamt Florida
c/o PELA Touristikservice, Postfach 1227,
63798 Kleinostheim; Tel. 06 21/
5 61 54 42, Fax 9 79 69 82;
E-Mail: floridainfo@t-online.de,
www.visitflorida.com/deutsch

Bradenton, Anna Maria Island und Longboat Key
Leibnizstr. 21, 10625 Berlin; Tel. 0 30/
3 15 04 04-5, Fax 3 15 04 04-6; E-Mail:
annamaria.longboatkey@t-online.de

Florida Keys & Key West
Neumarkt 33, 50667 Köln; Tel. 02 21/
23 36 45-1, Fax 23 36 45-0; E-Mail:
fla-keys@getitacross.de

Fort Lauderdale
c/o News Plus Communications + Media
GmbH, Sonnenstr. 9, 80331 München;
Tel. 0 89/23 66 21 33, 09 00/1 10 19 75,
Fax: 0 89/23 66 21 99; E-Mail:
fortlauderdale@aviarepsmangum.com

Fort Myers, Sanibel Island
Würzburger Str. 20, 63739 Aschaffen-
burg; Tel. 0 60 21/32 53 03, Fax 32 53 02;
E-Mail: vera.h.sommer@t-online.de

Greater Miami
Postfach 1425, 61284 Bad Homburg;
E-Mail: es-tm@t-online.de (Versand über
PELA Touristikservice; siehe Florida)

Orlando
Angelbergstr. 7, 56076 Koblenz; Tel. 08 00/
1 00 73 25, 02 61/9 73 06 73, Fax 9 73 06 74;
E-Mail: rukhsana.timmis@t-online.de

Palm Beach
Seeleitnstr. 65, 82541 Münsing;
Tel. 08177/9989509, Fax 1093;
E-Mail: info@circlesolution.com

St. Petersburg/Clearwater
c/o News Plus Communications + Media
GmbH, Sonnenstr. 9, 80331 München;
Service-Tel.: 0 61 72/38 80 94-80, Fax
0 61 72/38 80 94-81; E-Mail: info@flori-
dasbeach.com

Entfernungen (in km) zwischen größeren Städten in Florida

	Ft. Lauderdale	Jacksonville	Key West	Miami	Naples	Orlando	Palm Beach	Pensacola	Tallahassee	Tampa
Ft. Lauderdale	–	510	285	35	169	336	74	1014	714	377
Jacksonville	510	–	793	555	513	216	446	570	262	306
Key West	285	793	–	249	380	597	357	1274	975	623
Miami	35	555	249	–	172	367	108	1044	745	394
Naples	169	513	380	172	–	301	242	928	626	251
Orlando	336	216	597	367	301	–	272	689	389	137
Palm Beach	74	446	357	108	242	272	–	949	650	314
Pensacola	1014	570	1274	1044	928	689	949	–	307	684
Tallahassee	714	262	975	745	626	389	650	307	–	385
Tampa	377	306	623	394	251	137	314	684	385	–

Vero Beach/Indian River County
Bahnhofsplatz 4, 55116 Mainz;
Tel. 06131/9933-0, Fax 9933-1;
E-Mail: info@basicsite.de

BEVÖLKERUNG

Floridas Einwohnerzahl hat sich ungefähr alle 20 Jahre verdoppelt, von 35 000 im Jahre 1830 auf nunmehr über 18 Mio., die sich allerdings sehr ungleichmäßig auf den »Sunshine State« verteilen. Etwa 64 % der Bevölkerung Floridas leben in den sechs großen Ballungsgebieten Miami (2,4 Mio.), Fort Lauderdale (1,8 Mio.), Tampa–St. Petersburg (2,7 Mio.), Orlando (2,1 Mio.), Jacksonville (1,3 Mio.) sowie Palm Beach (1,3 Mio.). Dagegen sind die riesigen Everglades abseits der Küstenregionen fast unbewohnt. 54 000 Indianer verteilen sich heute auf vier Reservationen. Zu dieser Gruppe zählen hauptsächlich die Seminolen und Miccosukee.

Auf die aufstrebende Ökonomie Floridas setzen vor allem auch Hispanics aus Süd- und Mittelamerika, vorwiegend aus Kuba. Die Spanisch sprechenden Einwanderer stellen in Miami inzwischen 61 % der Bevölkerung dar.

BOTSCHAFTEN IN DEN USA
Deutsche Botschaft
4645 Reservoir Rd. N.W.,
Washington, DC 20007; Tel. 202/
298-4000; www.germanyinfo.org

Österreichische Botschaft
3524 International Court N.W.,
Washington DC 20008; Tel. 202/
895-6700; www.austria.org

Schweizer Botschaft
2900 Cathedral Ave. N.W.,Washington
DC 20008; Tel. 202/745-7900,
Fax 387-2564; www.swissemb.org

BUCHTIPPS
In der inspirierenden Umgebung von Key West verfasste der Literaturnobelpreisträger **Ernest Hemingway** einige seiner bekanntesten Werke, wie den Roman **Haben und Nichthaben** (1937), in dem Harry Morgan das Angebot kubanischer Revolutionäre ablehnt, sie mit seinem Boot in die USA zu bringen. Ein wohlhabender Amerikaner, den er stattdessen mit zum Fischen nimmt, betrügt ihn um die Bezahlung. Beim Alkoholschmuggel verliert Harry sein Boot und einen Arm, bei einem Transport kubanischer Revolutionäre besiegelt sich sein Schicksal bei einem Schusswechsel an Bord.

Die in Eatonville in Zentralflorida aufgewachsene **Zora Neale Hurston** (1891–1960) hatte großen Einfluss auf junge schwarze Autoren, nicht zuletzt aufgrund ihres leidenschaftlichen Engagements für die afroamerikanische Kultur. In zwei Bänden, **Mules and Men** (1935) und **Tell My Horse** (1938), veröffentlichte sie Geschichten aus den Südstaaten und der Karibik. In ihrem bekannten Roman **Their Eyes Were Watching God** (1937) prangert sie die öffentliche Meinung über die Schwarzen sowie die auferlegte Opferrolle der Schwarzen selber an. 1942, auf dem Höhepunkt ihrer Karriere, erschien **Dust Tracks on a Road: An Autobiography.**

CAMPING
Campingplätze, insbesondere in den State und National Parks, sind weitaus großzügiger ausgestattet als vergleichbare europäische. Auf jedem Stellplatz (»campsite«) findet man einen Picknicktisch mit Bänken und einen Grill. Gebühren (»fees«) gelten pro Stellplatz. Im schwülwarmen Sommer allerdings macht Camping in Florida nur im Wohnmobil Spaß.

Auf den meisten privaten Campgrounds finden Sie Vollanschlüsse (»full hook ups«) für Wohnmobile. **KOA**, die größte Campingplatzkette (Kampgrounds of America, www. koa.com) bietet Anlagen des gehobenen Standards mit Swimmingpool,

Spielplatz etc. Auf der Website finden Sie die 800er-Nummern der einzelnen Campingplätze. Infos und Reservierungen unter Tel. 800/326-3521 und www.floridastateparks.com bzw. www.reserveamerica.com

FEIERTAGE

1. Januar
New Year's Day
3. Montag im Januar
Martin Luther King Jr.'s Birthday
Letzter Montag im Mai
Memorial Day
4. Juli
Independence Day
1. Montag im September
Labor Day
11. November
Veterans' Day
4. Donnerstag im November
Thanksgiving Day
25. Dezember
Christmas Day

An den Feiertagen haben Banken und Büros geschlossen, Geschäfte bleiben geöffnet.

FERNSEHEN

Neben den vier überregionalen Fernsehgesellschaften ABC, CBS, Fox und NBC gibt es eine Vielzahl weiterer Kabelkanäle, darunter CNN (Nachrichten rund um die Uhr), ESPN (Sport), HBO (Spielfilme), MTV (Musik), Nickelodeon (Kindersender), Weather Channel (Wetterberichte). Im Hotelzimmer empfangen Sie gegen Gebühr (Pay TV) die neuesten Kinofilme.

FKK

»Oben ohne« baden ist in Florida nur in wenigen Ausnahmefällen inoffiziell gestattet. Dazu zählen »South Beach« in Miami Beach bzw. »Haulover Beach Park« nördlich von Miami Beach, zwei inoffizielle FKK-Strände sind der Playalinda Beach und der Apollo Beach – beide in der Cape Canaveral National Seashore, nördlich des Kennedy Space Center.

FOTOGRAFIEREN UND DVDS

Um amerikanische DVDs zu Hause abspielen zu können, benötigen Sie DVD-Player, die auch die unterschied-

Wechselkurse		
Dollar	Euro	Franken
0,50	0,36	0,55
1,00	0,73	1,11
2,00	1,47	2,21
5,00	3,67	5,54
10,00	7,35	11,07
20,00	14,70	22,14
30,00	22,04	33,21
50,00	36,73	55,35
100,00	73,46	110,71
250,00	183,64	276,77
500,00	367,27	553,53
750,00	550,90	830,30
1000,00	734,54	1107,06

Nebenkosten
(umgerechnet in €)

1 Tasse Kaffee 1,25

1 Bier 2,50

1 Cola 1,00

1 Schachtel Zigaretten 2,80

1 Liter Benzin 0,65

Mietwagen/Tag .. 15,00–20,00

Fahrt mit öffentl. Verkehrsmitteln 1,00

lichen Regionalcodes abspielen können. Für DVDs gibt es z. B. »Codefree DVD Players«. Zum Fotografieren nehmen Sie ausreichend Filme im gewohnten Format mit, in den USA findet man vorwiegend die Marken Kodak und Fuji. Transportieren Sie die Filme am besten im Handgepäck, da die modernen Röntgengeräte an den amerikanischen Flughäfen die Filme beschädigen könnten.

Speicherchips für Digitalkameras können Sie problemlos vor Ort nachkaufen.

GELD

Der amerikanische Dollar ist in 100 Cent unterteilt. Im Umlauf sind Münzen zu 1 (»penny«), 5 (»nickel«), 10 (»dime«), 25 Cent (»quarter«). Geldscheine gibt es in einer Stückelung von 1, 5, 10, 20, 50, 100 Dollar. In den USA ist der bargeldlose Zahlungsverkehr mit Kreditkarte die Regel. Abgesehen von einigen Supermärkten und Touristenattraktionen können Sie fast überall mit den praktischen Plastikkarten bezahlen. Auf jeden Fall erwarten Hotels, Leihwagenagenturen und Ärzte stets eine »credit card« als Sicherheit. Mastercard und Visacard werden flächendeckend akzeptiert, gefolgt von American Express.

In Florida werden US-Dollar-Reiseschecks in allen Geschäften wie Bargeld akzeptiert, als Wechselgeld erhält man stets Bares zurück. Daher benötigen Sie an Bargeld nie mehr als 100 $, am besten in Geldscheinen bis zu maximal 20 $, dazu reichlich Quarters für die zahlreichen Automaten sowie 1-$-Scheine als Trinkgelder in den Hotels. Ohnehin geben manche Geschäfte auf 50-$-Scheine oder Reiseschecks abends kein Wechselgeld mehr heraus.

Bargeld und Reiseschecks in europäischen Währungen lassen sich nur in bestimmten Großstadtbanken oder an internationalen Flughäfen in Dollar umtauschen. Bargeldautomaten mit dem MAESTRO-Symbol nehmen EC-Karten an.

INTERNET

Internetcafés finden sich in vielen Städten Floridas. Auch bieten viele Hotels Internetzugang an, so dass Sie Ihre Post auch von unterwegs einsehen und auch Mails verschicken können. Fast alle Städte, Parks, Museen, Freizeitparks und andere Sehenswürdigkeiten besitzen eine eigene Homepage, auf der Sehenswürdigkeiten, Verkehrsverbindungen, Adressen, Öffnungszeiten, Preise, Angebote, Hotel- und Restaurantverzeichnisse und weitere interessante Links zu finden sind. Auch kann man dort oft Informationsmaterial bestellen.

Besonders konsumentenfreundliche Seiten weisen vor allem einfach zu erreichende und übersichtlich gegliederte touristische Hinweise auf. Beispielhaft sind u. a.:
www.visitflorida.com
www.daytonabeach.com
(Daytona Beach)
www.sunny.org
(Fort Lauderdale)
www.visitjacksonville.com
(Jacksonville)
www.floridasprings.org
(Quellen in Florida)
www.floridastateparks.org
(Florida State Parks)
www.floridasbeach.com
(St. Petersburg/Clearwater)
www.nps.gov/ever
(Everglades National Park)

KLEIDUNG

Im »Sunshine State« kommen Sie in den meisten Monaten mit Shorts und T-Shirts zurecht. Einen leichten Pulli bzw. lange Hosen benötigt man abends in Zentralflorida von Herbst bis Frühjahr, in Südflorida nur an Winterabenden. Lediglich in Nordflorida ist im tiefsten Winter gelegentlich eine Jacke als Überbekleidung angesagt. Freizeitkleidung (»casual wear«) reicht für die meisten Anlässe aus,

Abendgarderobe (»formal wear«) wird ausschließlich in edlen Restaurants und Theatern verlangt.

MASSEINHEITEN

Längen
1 inch (in) = 2,54 cm; 1 foot (ft) = 30,48 cm
1 yard (yd) = 91,44 cm
1 mile (mi) = 1,609 km

Flüssigkeiten
1 fluid ounce (fl.oz) = 29,57 ml
1 pint (pt) = 0,47 l; 1 quart (qt) = 0,95 l
1 gallon (gal) = 3,79 l

Gewichte
1 ounce (oz) = 28,35 g
1 pound (lb) = 453,59 g

MEDIZINISCHE VERSORGUNG

Die medizinische Versorgung in Florida ist ausgezeichnet, aber teuer. Schließen Sie deshalb für die Reise unbedingt eine Auslandskrankenversicherung ab. Supermärkte oder Drugstores mit der Kennzeichnung »pharmacy« (Apotheke) verkaufen rezeptpflichtige Arzneimittel (»prescription drugs«).

NOTRUF

Die Notrufnummer der Polizei, der Feuerwehr und der Rettungsdienste lautet in der Regel 911. Daneben hilft die Telefonvermittlung (»operator«) nach Wählen der »0« weiter. Unter Tel. 800/656-8777 bietet ein gebührenfreier Notservice allen Florida-Besuchern rund um die Uhr eine deutschsprachige Hilfe, z. B. bei Verlust von Reisedokumenten oder Kreditkarten, Unfällen oder der Suche nach Ärzten. Die Notrufnummer des ADAC lautet 888/222-1373.

POLITIK

Floridas Parlament tagt im New Capitol in der Hauptstadt Tallahassee, und wie überall in den USA wird auch in Florida die Politik von zwei Parteien getragen, den Demokraten und Republikanern. Derzeit regiert Charlie Crist von der Republikanischen Partei den Bundesstaat Florida. Im föderalen System der USA ist er Regierungschef des Bundesstaates. Seine Funktion lässt sich mit der eines deutschen Ministerpräsidenten vergleichen. Seine Amtszeit ist auf maximal zwei vierjährige Wahlperioden beschränkt.

REISEDOKUMENTE

Deutsche, Österreicher und Schweizer mit Rückflugticket benötigen für die Einreise in die USA einen für die Reisedauer, besser aber noch sechs Monate gültigen maschinenlesbaren Reisepass. Wer länger als drei Monate in den USA bleiben möchte, muss beim zuständigen US-Konsulat ein Visum beantragen.

REISEKNIGGE

Im Allgemeinen herrscht ein freundschaftlicher, offener Umgangston mit Fremden vor, und schnell ist man beim Vornamen. Dies schließt jedoch eine respektvolle Distanz nicht aus.

»Wait to be seated« heißt es in noblen wie auch in familiären Restaurants, und Sie werden von »Ihrer« Kellnerin, »Ihrem« Kellner an den Tisch geführt und betreut. Lohnen Sie ihnen den Service mit einer Summe von etwa 15 % des Rechnungsbetrages. Zimmermädchen, Kofferträger und andere Hotelbedienstete bekommen 1 $.

Die Kleidung darf tagsüber und meistens auch abends lässig sein. Doch »no shirt, no shoes, no service«: Badekleidung in der Stadt, freie Oberkörper oder Barfußlaufen werden nicht gern gesehen, und man kann Ihnen den Service verwehren. In guten Lokalen und Hotels wird insbesondere am Abend auf formale Kleidung geachtet.

Noch ein Hinweis für unterwegs: Falls Sie mit dem Leihwagen in Konflikt mit der Polizei geraten, lassen Sie den blinkenden Polizeiwagen hinterherfahren, und halten Sie alsbald an einer sicheren Stelle an. Lassen

Sie die Hände am Lenkrad, und folgen Sie ruhig den Anweisungen der Polizisten. Transportieren Sie keine offenen Alkoholflaschen, weder auf der Straße noch im Auto oder am Strand.

Apropos Strand, »oben ohne baden« ist ein heikles Thema im Sonnenscheinstaat und wird mit wenigen Ausnahmen (→ FKK, S. 101) nicht gern gesehen, u. U. sogar von den Ordnungshütern geahndet.

Reisewetter

Fünf Monate lang von Mai bis September bleibt es überall in Florida tagsüber schwülheiß mit Temperaturen über 30 °C, nachts kühlt es kaum unter 20 °C ab. Auch die zahlreichen kurzen und kräftigen Gewitterschauer sorgen kaum für nennenswerte Abkühlung. Dagegen zeigt Floridas Klima im Winter deutliche Unterschiede. Bei prachtvollem Wetter und Tagestemperaturen bis zu 25 °C herrscht im südlichen »Sunshine State« touristische Hochsaison. Abends kühlt es nur um 10 °C ab, es ist deutlich trockener als im Sommer. Dagegen erlebt der Norden durchaus einen gelegentlichen Nachtfrost.

Sicherheit

In den touristisch frequentierten Gebieten Floridas können Sie sich genauso sicher fühlen wie in Urlaubsregionen Europas. Allerdings weisen viele Großstädte krasse soziale Gegensätze auf, wenn heruntergekommene Viertel (z. B. Miamis Overtown oder Liberty City) und mondäne Vororte eng beieinander liegen. Wählen Sie bei später Ankunft ein Motel oder Hotel an den Ausfallstraßen der Autobahnabfahrt. Öffentliche Verkehrsmittel kann man im Innenstadtbereich anstandslos benutzen. Abends und für Fahrten in unbekannte Vororte nehmen Sie am besten Taxis (»cabs«). Der direkte Downtown-Bereich ist zu den täglichen Bürostunden genauso sicher wie jede europäische Großstadt. Unternehmen Sie Abendspaziergänge nur in belebten Straßenzügen, und erkundigen Sie sich in Ihrem Hotel nach »safe nightspots«, z. B. Altstadt Key West, Ocean Drive in Miami Beach, Atlantic Boulevard in Fort Lauderdale. Jeglicher Widerstand bei Überfällen ist zwecklos und gefährlich. Geben Sie Wertsachen heraus, Reiseschecks und Kreditkarten werden Ihnen ersetzt.

Stromspannung

Florida besitzt ein 110-Volt-Wechselstromnetz von 60 Hertz. Elektrogeräte arbeiten nur mit einem Spannungsumschalter und dem passenden Adapter für die nordamerikanischen Steckdosen (unbedingt schon zu Hause besorgen).

Telefon

In den USA existiert ein einheitliches Nummernsystem aus einer dreistelligen Vorwahl (»area code«) und einer siebenstelligen Rufnummer. In Problemfällen hilft die Vermittlung (»operator«), die sich unter der Nummer »0« meldet. In Buchstaben wiedergegebene Telefonnummern wählen Sie wie Ziffern auf der Telefontastatur, wo auf jeder Taste neben der Ziffer auch drei Buchstaben stehen. Für Ortsgespräche (»local calls«) wählt man die Rufnummer ohne Vorwahl, bei Ferngesprächen (»long distance calls«) erst eine 1, dann Vorwahl und Rufnummer. Telefonnummern, die die Vorwahl 800, 866, 877 bzw. 888 besitzen, sind gebührenfrei.

Vorwahlen

D, A, CH → USA 001
USA → D 0 11 49
USA → A 0 11 43
USA → CH 0 11 41
Anschließend bei der Ortsvorwahl die erste »0« weglassen.
Am preiswertesten telefoniert man innerhalb der USA und nach Übersee mit vorausbezahlten Telefonkarten (»prepaid phone cards«), die es von vielen Telefongesellschaften in Ge-

schäften, Tankstellen, der Post u. Ä. gibt. Dazu wählen Sie die gebührenfreie Zugangsnummer in das Netz der Telefongesellschaft, die auf der Karte aufgedruckte Nummer und anschließend die Rufnummer.

D-Netz- und E-Netz-Mobiltelefone können in den USA nicht eingesetzt werden. Triple-Band-Handys funktionieren. Man kann jedoch ein US-Handy (»cellular phone«) unter Beibehaltung der heimischen Rufnummer ausleihen.

TEMPERATUR
Umrechnung Celsius/Fahrenheit:
$°F = °C \times 1,8 + 32$

°C	0	5	10	15	20	25	30	35
°F	32	41	50	59	68	77	86	95

TIERE
Gegen Tollwut geimpfte Hunde und Katzen dürfen in die USA mitgenommen werden. Über Details informiert das Zollamt der US-Botschaft, über den Transport der Tiere im Flugzeug die jeweilige Fluggesellschaft.

Ein »Peoplemover« windet sich durch die Hochhausschluchten von Miami (→ S. 51).

TRINKGELD
Taxifahrer und Bedienungen in Restaurants kommen erst mit dem Trinkgeld (»tip, gratuity«), das gewöhnlich 15 % der Rechnungssumme beträgt, auf einen ansprechenden Verdienst. Kofferträger, Zimmermädchen, Garderobenfrauen etc. erhalten ein Trinkgeld von mindestens 1 $ pro Tag, in Luxushotels auch mehr.

UMSATZSTEUER
Preise (außer Benzin) sind stets netto ausgezeichnet. Erst an der Kasse wird die Umsatzsteuer (»sales tax«, zurzeit 6 %) hinzuaddiert. Dazu gibt es in Städten zumeist noch zusätzliche Steuern auf Übernachtungen und Restaurantmahlzeiten.

VERKEHRSVERBINDUNGEN
Mietwagen
Reservieren Sie Ihr Wohnmobil oder Ihren Pkw zu Hause über das Reisebüro. Im Allgemeinen sind dann Vollkasko, Zusatzhaftpflichtversicherung, unbegrenzte Freimeilen sowie sämtliche Steuern inbegriffen. Das Mindestalter beträgt 21 Jahre; wer unter 25 Jahre alt ist, muss eine Zusatzversicherung abschließen. An Papieren vor Ort sind der nationale Führerschein, der Mietgutschein (»voucher«) und eine Kreditkarte Pflicht. Alle drei Papiere müssen jeweils auf denselben Namen lauten.

Verkehrsregeln
Die zulässige Höchstgeschwindigkeit (»speed limit«) beträgt auf Autobahnen 70 Meilen pro Stunde (113 km/h), auf Landstraßen 60 mph (97 km/h), innerorts oft 35 mph (56 km/h), vor Schulen und Kindergärten sogar nur 15 mph (24 km/h). In beiden Fahrtrichtungen wird angehalten, wenn ein gelber Schulbus mit Warnblinkern und ausgefahrenem Stoppschild auf

der Straße steht. An Ampelkreuzungen ist meistens das Rechtsabbiegen bei Rot erlaubt, es sei denn, es heißt »no turn on red«. An »4-Way-Stop«-Kreuzungen hält jedes Fahrzeug kurz an; derjenige, der als Erster an der Kreuzung war, fährt auch als Erster weiter. Absolutes Parkverbot gilt an Hydranten. Alkoholische Getränke sind im Kofferraum zu transportieren. Es gilt die 0,8-Promille-Grenze.

Zur Orientierung: Autobahnen (Interstates, I), Fernstraßen wie US Highways (kurz US oder US Hwy) und State Routes (kurz SR) sind mit Nummern und einer Himmelsrichtung gekennzeichnet. Die I-95 in Nordrichtung von Miami nach Jacksonville heißt demzufolge »I-95 North«, in Gegenrichtung entsprechend »I-95 South«. Die Autobahnausfahrten (»exits«) sind durchnummeriert. Einige Autobahnen (»turnpikes«) und Brücken kosten Maut (»toll«).

Zug
Amtrak ist die einzige überregionale Personenzuglinie in den USA. Es existieren Bahnverbindungen zwischen Jacksonville und Miami (via Orlando oder via Tampa) sowie zwischen Jacksonville und Pensacola. In den Zügen gibt es nur Sitzplätze, reservieren Sie unter Tel. 800/USA-RAIL (www.amtrak.com). Informationen über Netzpässe erteilen Reisebüros oder North America Travelhouse CRD International (Tel. 0 40/30 06 16 70; www.crd.de). Die regionale **TriRail**-S-Bahn-Linie verkehrt an der Ostküste zwischen Miami und West Palm Beach (Auskunft Tel. 800/TRI-RAIL; www.tri-rail.com).

Bus
Die überregionale **Greyhound**-Buslinie (Tel. 800/231-2222, www.greyhound.com) bedient die wichtigsten Ziele Floridas. Über Preise und Geltungsdauer der nur in Europa erhältlichen, günstigen Greyhound-Discovery-Pässe informieren die Homepage. Im öffentlichen Nahverkehr werden durchweg nur Busse eingesetzt (Ausnahme Downtown Miami). Halten Sie den Fahrpreis stets abgezählt bereit, die Fahrer geben kein Wechselgeld.

Wirtschaft
Die Tourismusindustrie hat sich zu Floridas Haupteinnahmequelle entwickelt. Auf 18 Mio. Einwohner kommen genau viermal so viele Feriengäste pro Jahr. Ein weiterer wichtiger Industriezweig ist die Landwirtschaft. 75 % der US-Zitrusproduktion stammen aus Florida. Mit dem Kennedy Space Center und dem Raumfahrtprogramm hat sich eine bedeutende Hightechindustrie angesiedelt.

Zeitverschiebung
Florida liegt in der »Eastern Time« (MEZ – 6 Std.), lediglich der äußerste Nordwestzipfel westlich des Apalachicola River in der »Central Time« (MEZ – 7 Std.). In Florida gilt vom zweiten Märzsonntag bis zum ersten Novembersonntag die Sommerzeit (»Daylight Saving Time«/DST). Uhrzeiten sind in zweimal zwölf Stunden aufgeteilt, 8 a.m. heißt 8 Uhr morgens, 8 p.m. 8 Uhr abends. Daten schreiben sich in der Folge Monat/Tag/Jahr.

Zoll
Außer Ihrem persönlichen Reisegepäck dürfen Sie zollfrei Geschenke im Wert bis 100 $, 200 Zigaretten und 1 l alkoholische Getränke (Personen über 21 Jahre) in die USA einführen. Bargeld über 10 000 $ muss deklariert werden. Unter keinen Umständen dürfen frische Pflanzen und Lebensmittel in die USA mitgenommen werden. Aus den USA nach Deutschland liegen die Zollfreigrenzen pro Person bei Waren im Wert bis 175 € sowie 200 Zigaretten, 50 g Parfüm und 1 l Spirituosen oder 2 l Wein.

Weitere Auskünfte unter www.zoll.de, www.bmf.gv.at/zoll und www.zoll.ch.

Kartenatlas

Orientierung leicht gemacht: mit Planquadraten und allen Orten und Sehenswürdigkeiten.

Legende

Routen und Touren

○—● Die Nordwestküste:
Von Pensacola nach
Tallahassee (S. 84)

○—● Rund um Gainesville (S. 87)

Sehenswürdigkeiten

🔟 MERIAN-TopTen

🔟 MERIAN-Tipp

☐ Sehenswürdigkeit,
öffentl. Gebäude

✳ Sehenswürdigkeit Kultur

✳ Sehenswürdigkeit Natur

🏛 Kirche

🏰 Schloss, Burg; Ruine

🏛 Museum

🗿 Denkmal

🗼 Leuchtturm

Verkehr

━━ Autobahn

━━ Autobahnähnliche
Straße

━━ Fernverkehrsstraße

━━ Hauptstraße

━━ Nebenstraße

━━ Unbefestigte
Straße, Weg

🅿 Parkmöglichkeit

🅱 Busbahnhof

🆄 U-Bahn

Amtrak Bahnhof

✈ Flughafen

⊕ Flugplatz

Sonstiges

ℹ Information

♟ Theater

🦍 Zoo

⛳ Golfplatz

⛺ Camping

🏊 Strand

✝✝✝ Friedhof

☐ National-, Naturpark

✳ Nationalpark

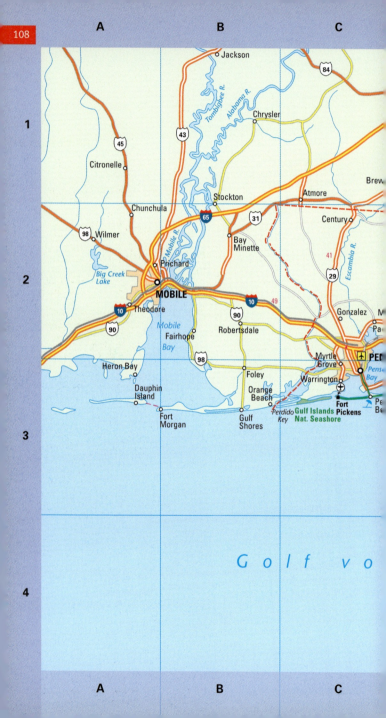

A   **B**   **C**

Jackson

84

1

Chrysler

45

Citronelle

Brew

Stockton

Atmore

Chunchula

65

31

Century

98 Wilmer

Bay
Minette

41

29

Big Creek
Lake

Prichard

2

MOBILE

10

Gonzalez

49

10 Theodore

Pa

90

90

Mobile

PEI

Myrtle
Grove

Fairhope
Bay

Robertsdale

90

Heron Bay

98

Foley

Warrington

Pensa
Bay

Dauphin
Island

Orange
Beach

Fort
Pickens

Pe
Be

3

Fort
Morgan

Gulf
Shores

Perdido
Key

**Gulf Islands
Nat. Seashore**

4

G o l f v o

A   **B**   **C**

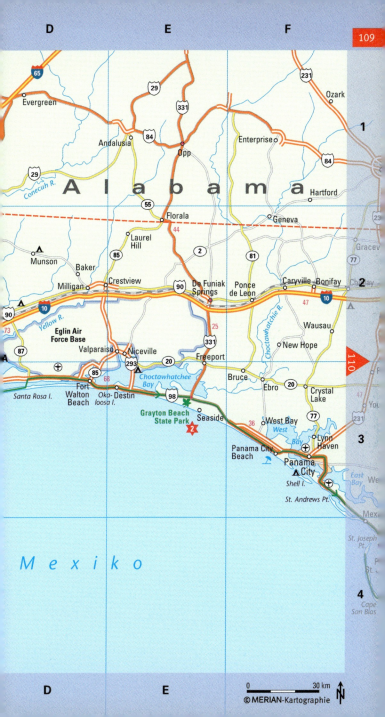

9

Brunswick

Cumberland Island
Nat. Seashore

St. Marys R.

25 12
St. Marys

12
Yulee Fernandina Beach

Ilahan 12
A1A A1A Amelia I.
Jacksonville
Int. Airport
301

ONVILLE 9A
295 Mayport
13 18 10 Atlantic Beach
10 Jacksonville Beach
202
11 Ponte Vedra Beach
Orange Park 295 8 Palm Valley
Middle- 17 A1A
burg
17 24
1
Green 95 Potters Wax Mus. Castillo de San Marcos
Cove Springs 27 Nat. Monument
St. Augustine 6
24 Anastasia State Park
Lightner Mus.
St. Johns R. Anastasia I.
Grandin 39 66 Fort Matanzas
Nat. Monument
Palatka East Palatka Summer Haven
20
Interlachen 32
Oklawaha 28 A1A
Lake Crescent L. Palm Coast

100
Crescent City Bunnell Flagler Beach

Ocala 44 1
17 24
National Lake
George Pierson Ormond Beach
40
42 20 6
40 Barberville DeLeon Springs Daytona Beach
Astor State Park Port Orange
Forest Woodruff 95
St. Johns R. DeLeon Springs
21
De Land 16 New Smyrna Beach

Veirsdale
ady Lake Altoona 4

Deltona
eesburg D E Oak Hill
Eustis 115 0 30 km
Tavares Mount Dora Sanford © MERIAN-Kartographie N
45

9

10

11

12

A   B   C

112

13

Inglis
Dunnellon
Hernando
Summerfield
Belleview
Weirsdale
Lady Lake
Altoona

Crystal River
L. Tsala Apopka
Wildwood
Leesburg
Eustis
Tavares
Mount D

Mangrove Point
Homosassa Springs State Wildlife Park
Homosassa Springs
Homosassa
Inverness
Coleman
Apopk

Floral City
Bushnell
Groveland
Clermont
Lake Apopka
Win
Garc

Brooksville
Walt Disney World Resort Complex

Weeki Wachee
Weeki Wachee Springs
Spring Hill
Lacoochee
Dade City

14

Masaryktown
Zephyrhills
Providence

Bayonet Point
Port Richey
New Port Richey
Tarpon Springs
Lutz
Busch Gardens
Lakeland
Winter Haven
Haines
Dunde

Sponge-o-rama
Palm Harbor
Dunedin
Clearwater
Largo
Indian Shores

TAMPA
Brandon
Plant City
Bartow
Lake

Pinellas Park
Mulberry

ST. PETERSBURG
Dalí Museum
Ruskin
Bradley
Fort Meade

15

Pass-a-Grille Beach
Mullet Key
Egmont Key
Anna Maria Key
Palmetto
Bradenton
Longboat Key

Parrish
Duette
Wauchula
Bowling Green
Zolfo Springs
Highlands Hammock State Park

Sarasota
Siesta Key
Myakka City
Gardner

Myakka River State Park
Arcadia

16

Venice
Manasota Key
Caspersen Park Beach
Englewood
North Port
Port Charlotte
Punta Gorda
Nocatee
Fort Ogden
Babcock

Gasparilla I.
Charlotte Harbor
Babcock Wilderness Adventures

La Costa I.
Pine I.
Gage Key
Bokeelia
Myers
Cape Coral
Lehigh Acre

A   B   C

116

Southwest Florida Int. Airport

A

B

114

C

80

Moore

Babcock
Wilderness
Adventures

La Belle

Gasparilla I.

Charlotte
Harbor

41

80

23

25

23

Pine I. o Bokeelia

La Costa I.

Cabbage
Key

Fort Myers

Lehigh Acres

Cape Coral

Southwest
Florida Int. Airport

75

82

Captiva I.

St. James
City

Corkscrew
Swamp
Sanctuary

Immokalee

17

Sanibel I.

Sanibel

Fort Myers
Beach

42

Lake
Trafford

Big Cyp
Indian

36

Bonita
Springs

Big Cypress Swamp

North Naples

Naples

7

20

56

Fakahatchee
Strand Preserve
State Park

Big Cypress
National Preserve

29

Tamiami

Trail

41

Marco

Marco I.

Ochopee

Tamiami Canal

18

Cape Romano

Ten
Thousand
Islands

Everglades City

96

19

Cape
Sable

Golf von Mexiko

20

Summerland
Key

Overseas Highwa

Maratho

9

9

Key West

1

48

Big
Pine

Bahia Honda
State Park

A

B

118

C

115

D E F

17

Pahokee
Canal Point
Palm Beach
Gardens
Riviera
Beach
Lewiston
West
Palm Beach
Palm
Beach
Lion Country

Lake
Harbor
Belle Glade
South
Bay
27
Lake Worth
95
Boynton Beach
441
Arthur R. Marshall
Loxahatchee
N. W. R.
441
Delray Beach
29
47
Boca Raton
Hillsboro Canal
North New River Canal
41
Deerfield Beach
Coral
Springs
Pompano Beach
Margate
Tamarac
1
Sawgrass Mills
75
6
3
7
FORT LAUDERDALE
595
Miccosukee
Indian
Reservation
20
75
Dania
27
17
Davie
HOLLYWOOD
Carol City
Aventura
Sunny Isles
826
Everglades
Miccosukee
Indian
Reservation
HIALEACH
9
95
195
Miami Beach
41
Tamiami
6
Virginia Key
osukee
Village
Shark Valley
Visitor Center
Coral
Gables
MIAMI
Observation
Tower
997
12
Key Biscayne
8
Shark Valley
Slough
821
Kendall
Perrine
Gouldso
Biscayne
Bay
glades
Homestead
13
Biscayne
Nat. Park
al Park
Florida City
Elliott Key
-Okee
erlook
1
tewater
25
19
Mangrove
Swamp
Key Largo
ningo
John Pennekamp Coral
Reef State Park
Key Largo
a Bay
Tavernier
Plantation
Windley Key
Islamorada
ng Key
55
Long Key State
Park
rassy Key
hin Research
er
F l o r i d a   K e y s
20

D E

119

0   30 km
© MERIAN-Kartographie
N

17

18

19

20

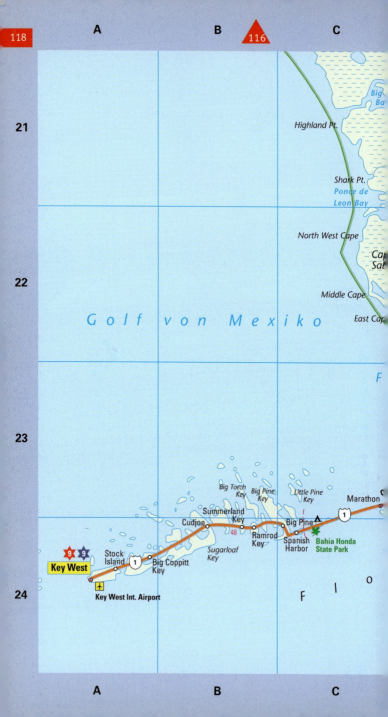

A **B** **C**

21

Highland Pt.

Shark Pt.
*Ponce de
Leon Bay*

North West Cape

Ca
Sa

22

G o l f   v o n   M e x i k o

Middle Cape

East Cap

F

23

Big Torch
Key

Big Pine
Key

Little Pine
Key

Marathon

Summerland
Key

Cudjoe

48

Ramrod
Key

Big Pine

1

Spanish
Harbor

Bahia Honda
State Park

9 9
Key West

Stock
Island

1

Big Coppitt
Key

Sugarloaf
Key

24

F   l   o

Key West Int. Airport

A **B** **C**

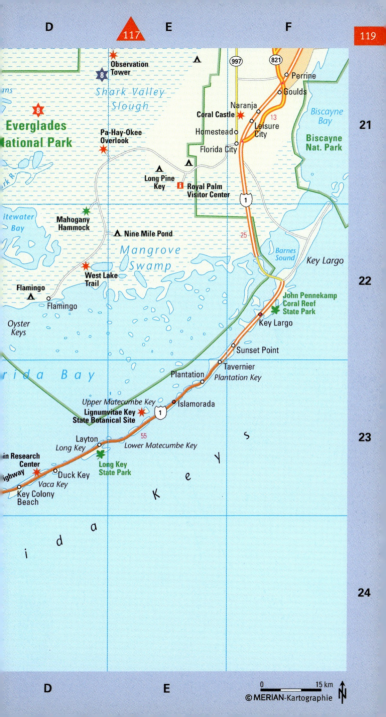

21

22

23

24

Observation Tower

Shark Valley Slough

Everglades National Park

Pa-Hay-Okee Overlook

Coral Castle

Naranja

Homestead

Leisure City

Florida City

997

821

Perrine

Goulds

13

Biscayne Bay

Biscayne Nat. Park

Long Pine Key

Royal Palm Visitor Center

1

25

Mahogany Hammock

itewater Bay

Nine Mile Pond

Mangrove Swamp

Barnes Sound

Key Largo

West Lake Trail

Flamingo

Flamingo

Oyster Keys

John Pennekamp Coral Reef State Park

Key Largo

Sunset Point

Tavernier

Plantation Key

ida Bay

Plantation

Upper Matecumbe Key

Lignumvitae Key State Botanical Site

1

Islamorada

Layton

Long Key

55

Lower Matecumbe Key

in Research Center

ighway

Duck Key

Long Key State Park

Vaca Key

Key Colony Beach

K e y s

F l o r i d a

0   15 km

© MERIAN-Kartographie

N

Zeichenerklärung
○ Orte
△ Kap, Insel, Gebirge
∞ Landschaft
~ Gewässer, Strand
★ Sehenswürdigkeit
☆ Nationalpark

Hier finden Sie alphabetisch aufgeführt alle in diesem Band beschriebenen Orte und Ziele, Routen und Touren. Bei einzelnen Sehenswürdigkeiten steht jeweils der dazugehörige Ort in Klammern, bei Hotels steht zusätzlich die Abkürzung H für Hotel. Außerdem enthält das Register wichtige Stichworte sowie alle MERIAN-Tipps und Top-Ten des Reiseführers. Wird ein Begriff mehrfach aufgeführt, verweist die **fett** gedruckte Zahl auf die Hauptnennung, eine *kursive* Zahl verweist auf ein Foto.

Florida

MERIAN-Tipps

Tipps und Empfehlungen für Kenner und Individualisten

1 The Breakers, Palm Beach
Mit dem Charme des alten Florida umwirbt das traditionsreiche und zugleich moderne Grandhotel seine Gäste (→ S. 13).

2 Pirate's Dinner Adventure
Ein mitreißender Genuss für Augen, Ohren und Gaumen: Orlandos Dinnershow auf einem Piratenschiff (→ S. 15).

3 Sawgrass Mills
Mit über 200 Geschäften lockt dieses gigantische Factory Outlet Center am Rande der Everglades (→ S. 19).

4 Reservierung Magic Kingdom
Die Karten für die beliebten Vergnügungsparks können schnell ausverkauft sein – umso wichtiger zu reservieren (→ S. 38).

5 Manatis im Blue Spring State Park
In diesem Park können Sie die bedrohten Rundschwanzseekühe beobachten (→ S. 41).

6 Venetian Pool
Der schönste Pool Floridas liegt in Coral Gables, Miami, und beeindruckt durch seinen mediterranen Baustil (→ S. 55).

7 Mit dem Water Taxi durch Fort Lauderdale
Schippern Sie auf den unzähligen Kanälen durch Fort Lauderdale (→ S. 58).

8 Erkundung der Everglades per Fahrrad
Die 24 km lange Rundfahrt durch das Shark Valley ist ein besonderes Erlebnis (→ S. 62).

9 Mallory Square Dock
Der wohl schönste Platz, um einen Sonnenuntergang über dem Meer zu erleben (→ S. 66).

10 Fort de Soto Park's North Beach
Sonnenbräune und sanfte Brise: Nur der Wind hat das Sagen in der subtropischen Strandeinsamkeit an der Golfküste (→ S. 71).

← MERIAN-TopTen finden Sie auf Seite 1

Liebe Leserinnen und Leser,
wir freuen uns, Ihre Meinung zu diesem Reiseführer zu erfahren. Bitte schreiben Sie uns, wenn Sie Berichtigungen und Ergänzungsvorschläge haben oder wenn Ihnen etwas besonders gut gefällt:

TRAVEL HOUSE MEDIA GmbH, Postfach 86 03 66, 81630 München
E-Mail: merian-live@travel-house-media.de Internet: www.merian.de

Die Autoren

Heike Wagner, Jahrgang 1964, lebt als freie Autorin und Fotografin in Duisburg am Rhein. Sie ist Autorin zahlreicher Reiseführer und Bildbände über Kanada und die USA. **Bernd Wagner** lebt in Duisburg und arbeitet als Journalist und Fotograf mit dem Publikationsschwerpunkt Nordamerika. Er ist ebenfalls Autor von Reiseführern über die USA und Kanada.

**Bei Interesse an Karten
aus MERIAN-Reiseführern
wenden Sie sich bitte an:**
iPUBLISH GmbH, geomatics
E-Mail: geomatics@ipublish.de

**Bei Interesse an Anzeigenschaltung
wenden Sie sich bitte an:**
KV Kommunalverlag GmbH & Co KG
MediaCenterMünchen
Tel. 0 89 – 92 80 96 – 44
E-Mail: kramer@kommunal-verlag.de

Fotos

Titelbild: Miami Beach (F. M. Frei); alle übrigen Fotos A. Neumann/laif außer Bildagentur Huber/Gräfenhain 57; J. Coletti/Getty Images 33; F. M. Frei/Lookfoto 81; Heeb/laif 10/11; Jahreszeiten Verlag/H. Holler 4/5; G. Jung 16, 30, 63, 72; J. Modrow/laif 14, 24/25, 40, 60, 90/91; C. Piepenburg/laif 82/83; I. Pompe/Lookfoto 50; B. Rieger/Hemispheres Images/laif 18; Ro-Ma Stock/Superbild 20; The Breakers 12; G. Ulutunkon/laif 8, 67; Visit Florida 7, 9, 17, 22, 28/29, 39, 42, 44, 47, 70, 75; H. Wagner u. B. Wagner 32, 54, 59, 67, 79, 85, 86, 105

Programmleitung
Dr. Stefan Rieß
Redaktion
Simone Lucke
Satz und Lektorat
Maja Mayer für bookwise, München
Gestaltung
wieschendorf.design, Berlin
Karten
MERIAN-Kartographie
Druck und Bindung
Polygraf Print, Slowakei
Gedruckt auf
Eurobulk Papier von der Papier Union

3., unveränderte Auflage

TRAVEL HOUSE MEDIA

Ein Unternehmen der
GANSKE VERLAGSGRUPPE